집에서 하는
과학
실험

오지마 요시미 지음
김한나 옮김

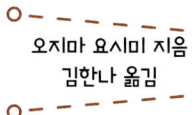

생각의집

들어가며

뜬금없는 질문이지만 여러분은 '마술'을 좋아하나요?

갑자기 색이 달라지거나 없어야 할 물질이 나타나는 과학 실험은 마술과 비슷합니다. 마술에는 '장치'가 있는데 과학 실험에서 일어나는 변화에도 '과학적인 이유'가 존재해요.

이 책에서는 여러분이 집에서 따라 할 수 있는 재미있는 실험을 멋진 사진과 함께 소개하며 그 방법과 '왜 그렇게 됐을까?'에 대한 과학적인 이유'를 설명합니다. 아무것도 들어 있지 않아야 할 컵에 색소 물이 점점 차오르거나(74쪽) 물속에 가라앉아야 할 유리구슬이 물에 뜨거나(94쪽), 핫케이크가 파란색이나 분홍색으로 변하는(126쪽) 등 여러분이 의아하게 생각할 만한 일이 수두룩하답니다.

책을 읽지만 말고 실제로 꼭 실험해 보세요. 사진을 보고 결과를 알 수도 있지만 실제로 눈앞에서 변화가 일어나면 분명히 '우와, 대단해!' 하고 깜짝 놀랄 거예요.

단, 반드시 어른과 함께 실험하세요. 불을 사용하는 실험도 있기 때문에 부상이나 화재에 주의하며 즐기기 바랍니다.

학부모님께

　신종 코로나 바이러스의 감염이 확대되며 우리는 '지금까지의 생활이 똑같이 지속되는 것은 당연한 일이 아니었다'는 사실을 깨달았습니다. 전 세계가 일제히 변화하여 예측하기 어려워진 것을 모두가 실감했습니다. '스스로 생각하는 힘'의 중요성, 또 그 어려움에 부딪히는 날들이 계속되고 있습니다.

　그럼 스스로 생각하는 힘은 어떻게 터득해야 할까요? '교과서에 실려 있지 않은 정답이 없는 문제'에 부딪쳐 봐야 비로소 이 힘을 얻을 수 있습니다. 그러나 지금까지 학교 교육에서는 '교과서를 사용해서 선생님이 학생에게 가르친다', '가르친 내용을 잘 이해했는지 정답이 있는 시험을 봐서 확인하고 평가한다'는 학습 과정이 이뤄졌고 '정답이 없는 문제에 대처하는' 일은 거의 없었습니다.

　가정에서 한다면 각자의 속도에 맞춰 차분히 임할 수 있기 때문에 '자신의 손을 움직여 눈앞에서 일어나는 현상을 보면 의문을 느끼고 자신의 머리로 생각하는' 체험을 충분히 겪을 수 있어요. 그래서 이 책에서는 주위에서 흔히 볼 수 있는 물건으로 할 수 있고 어른들에게도 재미있는 과학 실험을 모았습니다. 부디 실제로 자녀와 함께 체험을 공유하기 바랍니다.

오지마 요시미

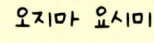

목차

제 1 장　사진발을 잘 받는 실험

무지개 같아요! 알록달록한 초콜릿으로 만드는 예술 작품 ····· 10

눈에는 안 보여요! 밀크 크라운 ····· 14

반짝이는 유리구슬은 어떻게 만들까요? ····· 18

레진을 사용해서 자신이 좋아하는 소품을 만들어요 ····· 22

어둠 속에서 수상하게 빛나는 주스 ····· 26

마치 보석 같아요!? 얼음사탕 ····· 30

요소의 결정으로 만드는 복슬복슬한 트리 ····· 36

좀처럼 볼 수 없다? 무지개를 직접 만들어요 ····· 40

제 2 장　움직임에서 시선을 뗄 수 없어요

라바 램프 같아요! 신기하게 움직이는 액체 ····· 46

작은 회오리 같아요! 페트병 토네이도 ····· 52

대분출에 깜짝!? 멘토스 가이저 ····· 56

여름이 아니라도 보이는 물속의 아지랑이 ····· 60

눈에 보이나요? 공기의 대단한 힘 ····· 64

제멋대로 움직이기 시작한다? 캔들 시소 ····· 68

제 3 장 변화가 재미있어요

아무것도 하지 않았는데 여기저기 돌아다니는 색소물 ······ 74

반드시 불그스름하다고만 할 수 없어요! 불꽃색을 바꾸는 실험 ······ 78

160년 전의 사람도 깜짝 놀랐다? 날아서 이동하는 불꽃 ······ 82

그 커다란 크레이터(분화구)는 어떻게 생기나요? ······ 86

껍데기는 어디로 갔을까? 달걀이 흡수한 물질 ······ 90

그 안에 반드시 있어야 하는데 안 보이는 비즈 ······ 94

흑백 팽이인데 회전시키면 왜 색이 나타나나요? ······ 98

왜 물이 들었을까요? 알록달록 배추 ······ 102

순식간에 색이 변화했어요! 갈색에서 청보라색, 무색으로 ······ 106

제 4 장 요리는 과학

1분 만에 얼어요! 부드러운 아이스크림 ······ 110

입안이 시원! 구슬 사이다를 만들어요 ······ 116

자신이 좋아하는 색과 모양으로! 먹을 수 있는 보석 ······ 120

자색 고구마 성분으로 색이 변화하는 핫케이크 ······ 126

질긴 고기는 어떻게 하면 부드러워질까요? ······ 130

재미있는 식감! 에어 초콜릿을 만들어요 ······ 136

단단한 푸딩, 부드러운 푸딩의 차이 ······ 140

톡톡 터지는 팝콘, 그 비밀을 찾아서 ······ 144

인도의 치즈 파니르를 만들어요 ······ 148

섞이지 않는 물과 기름은 누가 사이좋게 만들까요? ······ 152

실험할 때의 주의

- 아이들만 실험하지 않게 주의하세요.

- 불을 사용하거나 고온이 되는 물질을 다룰 때는 화상 및 화재에 주의하기 바랍니다. 가연성 물질을 가까이 두지 말고 불을 끌 수 있게 준비해 두며 화기를 조심하세요. 만일의 경우를 대비해서 불이 번지지 않게 해 두고 침착하게 실험하는 것이 중요합니다. 또한 가루나 먼지가 날리고 가연성 가스가 발생하는 곳 등 폭발로 이어질 수 있는 장소에서는 절대로 실험하지 마세요. 사용하는 도구에 티끌이나 먼지, 수분이 묻어 있으면 예상치 못한 방법으로 불에 탑니다. 젖은 촛대를 사용하거나 촛불을 물로 끄려고 하면 화재가 일어날 수 있어서 매우 위험합니다. 촛불은 입으로 바람을 살짝 불거나 전용 도구 등을 사용해서 끄세요.

- 평소에 만질 일이 없는 자극적인 물질을 다룰 때는 손과 눈, 입, 옷에 묻지 않게 주의하세요. 조리 기구나 식기, 식품 등을 사용하는 실험에서도 안전, 위생 면에 주의하기 바랍니다.

- 실내의 온도와 습도, 사용하는 재료 등에 따라 실험에 실패할 수 있습니다. 그럴 때는 이유를 생각하는 것이 공부가 됩니다.

이 책의 정보를 이용한 결과에 관하여 저자, 출판사는 전혀 책임지지 않습니다.

기본적인 도구

각각의 실험에서 '준비물'로 나와 있지 않지만 필요할 때가 있습니다.

저울

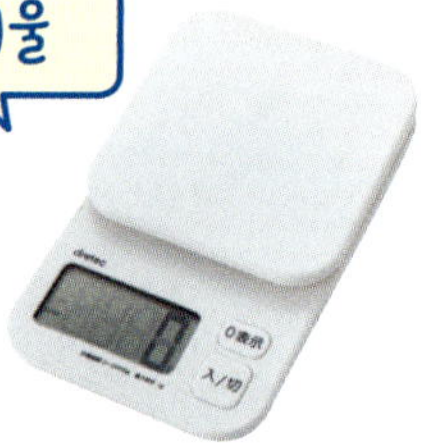

계량컵

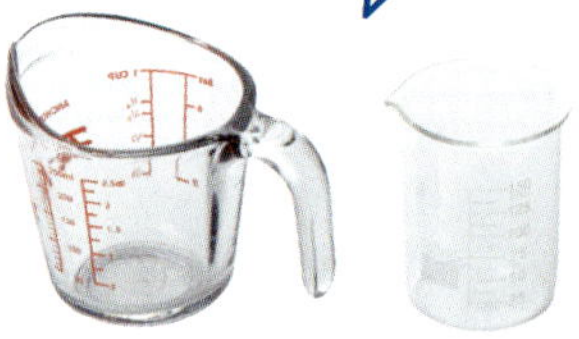

계량스푼

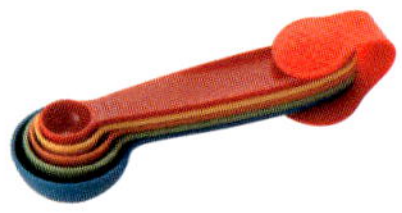

커피 머들러

작은 수저 모양으로 매우 소량을 나눠 담을 때 사용한다.

자

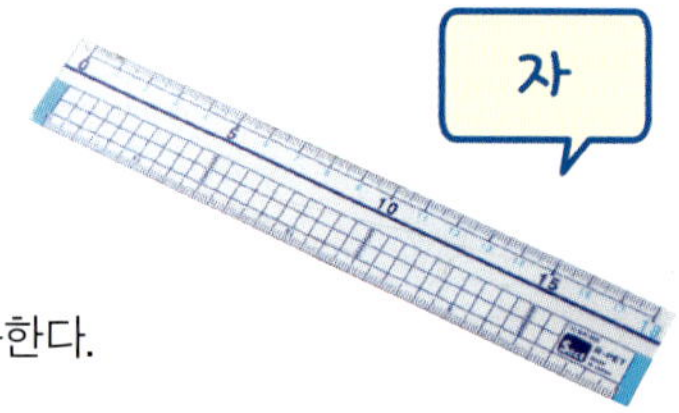

컵 등의 용기

계량할 때 재료를 올린다.

가스버너 등

사진과 같은 휴대용 가스버너가 아니더라도 주방에 있는 가스레인지를 사용해도 된다.

물도 '준비물'에서 제외되어 있습니다. '순서'를 참조해서 사용하세요.

제 1 장

사진발을 잘 받는 실험

무지개 같나요? 알록달록한 초콜릿으로 만드는 예술 작품

10분

일반적으로 갈색 초콜릿을 손으로 잡으면 녹습니다. 초콜릿에는 카카오 버터 등 유지방이 많이 함유되어 있어서 체온으로 녹는 거예요.
하지만 낱알 모양의 초콜릿 중에는 여러 가지 색을 띠며 손에서 녹지 않는 것이 있어요. 각 낱알에 설탕과 식용색소로 만든 액체를 뿌려서 굳힙니다. 이 코팅을 '당의'라고 해요. 이런 코팅은 다른 과자나 약 등에서도 볼 수 있답니다.
코팅 초콜릿을 사용해서 무지개와 같은 느낌의 무늬를 표현해 볼까요?

약으로 쓰인 카카오 열매

초콜릿의 원료인 카카오 매스는 카카오라는 나무의 열매(카카오빈)로 이루어져 있습니다. 옛날에는 약으로 쓰였으며 원산지인 남미에서는 기원전부터 카카오빈을 갈아 으깨서 고추나 바닐라 등과 함께 뜨거운 물에 녹여 마셨다고 합니다. 카카오빈에는 폴리페놀과 미네랄, 식이섬유가 풍부하게 함유되어 있어요. 또한 초콜릿의 쓴맛은 '테오브로민'이라는 성분인데 테오브로민은 혈관을 확장시켜서 혈액 순환을 좋게 하는 작용을 합니다. 그래서 뇌가 활성화하여 흥분하는 일이 일어납니다. 카카오빈이 약으로 쓰인 이유는 이런 효과가 있기 때문이에요.

🧪 코팅 초콜릿 색깔 빼내기

준비물

● 코팅 초콜릿

● 미지근한 물

■ 접시(테두리가 있고 가운데가 오목한 것)

순서

1 접시의 테두리 안쪽에 코팅 초콜릿을 나란히 놓는다.

2 접시 한가운데에 미지근한 물을 붓는다.

3 미지근한 물이 코팅 초콜릿에 닿으면 그만 붓고 잠시 그대로 둔다.

해설 색이 번지는 이유는 무엇인가요?

설탕 옷을 입힌 초콜릿의 코팅 부분은 수분이 있는 입속에서는 녹게 되어 있습니다. 그래서 많이 먹으면 혓바닥이 색으로 물들어요. 코팅 부분은 입속뿐만 아니라 뜨거운 물 속에서도 녹습니다. 코팅 부분에 함유된 식용색소가 뜨거운 물에 녹으면 물드는 거예요.

그럼 왜 중심 쪽으로 색이 번질까요? 이는 **확산**이라는 현상입니다. 컵에 물을 넣고 잉크 한 방울을 떨어뜨렸다고 합시다. 똑 떨어진 잉크는 물속에서 점점 번지기 시작해 잠시 후에는 물 전체에 퍼져서 컵 안에 담긴 물의 색이 같아질 거예요. 한 부분만 진한 상태에서 전체가 똑같이 진해지는 현상이 확산입니다.

코팅 부분 속에는 식용색소 외에 설탕 등도 함유되어 있어요. 이런 성분은 물에 녹아 서서히 확산됩니다. 그래서 접시의 테두리 쪽에서 아무것도 없는 중심 쪽으로 색이 번져가는 모습을 볼 수 있어요.

이번에는 접시 한가운데에 코팅 초콜릿을 놓고 미지근한 물을 부어 보세요. 중심에서 테두리 쪽으로 색이 번집니다.

코팅 초콜릿은 다양한 과자 제조회사에서 나옵니다. 제조회사마다 사용하는 식용색소가 다르기 때문에 색이 나타나는 방식도 달라요. 여러 제조회사의 코팅 초콜릿을 준비해서 색이 녹아서 나타나는 모습의 차이를 조사해 보는 것도 좋습니다.

컵에 물을 넣고 빨간 식용색소를 떨어뜨린 상태

빨간색이 번진다.

눈에는 안 보인다? 밀크 크라운

🕐 **10분**

접시에 채운 우유 위에 우유 한 방울을 똑 떨어뜨리면 물보라가 튀어 오릅니다. 그 모습을 사진이나 동영상으로 본 적이 있지 않나요? 왕관, 즉 크라운(crown)과 같은 형태를 따서 **밀크 크라운**이라고 부릅니다.

하지만 순식간에 사라지는 탓에 눈으로 직접 보기란 거의 불가능해요. 예전에는 촬영하려고 해도 특별한 기자재와 기술이 필요해서 몇몇 사람들만 밀크 크라운의 모습을 어렵게 찍을 수 있었어요. 그래도 지금은 간단한 아이디어로 손쉽게 찍을 수 있답니다. 필요한 물건은 스마트폰뿐이에요. 눈으로는 볼 수 없는 신비로운 현상을 촬영해볼까요?

스마트폰의 기능을 확인하세요

이번에는 동영상을 찍어서 슬로모션으로 볼 수 있는 스마트폰의 기능을 활용할 거예요. 2013년 아이폰5s부터 쓸 수 있게 되어 화제를 불러 일으켰습니다. 자신이 갖고 있는 스마트폰의 카메라 앱에서 '슬로', '슬로모션', '슈퍼 슬로모션', '슬로모션 녹화'라는 명칭의 기능이 있으면 이를 사용해 보세요. 또한 프레임 레이트, 즉 1초당 동영상을 구성하는 정지 화면의 프레임 수 'fps'(17쪽)를 선택할 수 있다면 최대한 큰 수치로 설정합니다.

* 이런 식으로 찍는 방법을 이하 '슬로모션 기능으로 촬영'이라고 하겠습니다.

밀크 크라운 촬영하기

준비물

- 우유

- 접시(테두리가 있고 가운데가 오목한 접시)

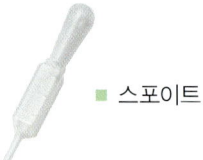
- 스포이트

- 스마트폰 (또는 고속 촬영 기능이 있는 디지털 카메라)

- 삼각대 등

순서

1 접시에 깊이 1밀리미터 정도까지 우유를 붓는다.

2 우유를 스포이트로 빨아들인다.

3 스마트폰을 삼각대 등에 고정해서 슬로모션 기능으로 촬영을 시작한다.

4 접시 중심 쪽으로 40센티미터 정도 떨어뜨린 높이에서 스포이트의 우유를 한 방울 떨어뜨린다.

해설 밀크 크라운은 즉시 사라진다

얇게 퍼지는 액체의 표면에 물방울이 떨어져서 생기는 밀크 크라운은 만들기 쉬워요. 하지만 이 모양이 형성되는 구조는 아직 밝혀지지 않았습니다. 물방울이 떨어질 때 공기의 밀도나 액체의 점도, 물방울이 액체 표면에 충돌하는 속도, 액체의 두께 등 여러 가지 조건이 복잡하게 얽혀서 생기는 왕관이지요.

참고로 접시에 떨어뜨린 우유와 접시에 있던 우유 중 어느 쪽이 밀크 크라운이 되었을까요? 확인하려면 식용색소로 색을 입힌 우유를 스포이트로 빨아들여서 흰 우유에 떨어뜨리면 됩니다. 색이 확 퍼져 보이지만 흰 우유에 채색된 크라운이 생길 것입니다.

밀크 크라운이 생기고 나서 부서질 때까지의 시간은 약 30밀리초(ms)입니다. 1밀리초는 1천분의 1초이므로 1초의 30분의 1보다 짧은 시간만 존재하는 왕관이에요. 이 속도라면 인간의 시각으로는 인식할 수 없어요.

그럴 때 스마트폰 카메라의 슬로모션 기능이 유용합니다. 예를 들어 아이폰 6 이후 버전이면 '240fps'를 선택해서 설정합니다. 'fps'는 frames per second의 약자로 1초 동안 기록되는 정지화면의 수를 나타냅니다.

240fps라면 1초 동안 240장, 즉 약 4.2밀리초마다 사진 한 장을 찍을 수 있습니다. 그래서 30밀리초만 존재하는 밀크 크라운을 촬영할 수 있어요.

그밖에도 분수나 폭포, 새의 날갯짓 등도 찍어 보면 재미있어요. 변화가 빠른 실험에도 편리하답니다(85쪽, 88쪽).

빨간 식용색소를 첨가한 우유를 떨어뜨리면 접시에 있던 흰 우유가 움직여서 크라운이 생긴다.

반짝이는 유리구슬은 어떻게 만들까요?

60분

인테리어나 액세서리의 소재로 반짝반짝 빛나는 **크랙볼**의 인기가 높아졌습니다. 크랙(crack)은 균열이라는 뜻이에요.

유리는 강한 충격을 받으면 파사삭 깨지잖아요? 구슬은 유리로 만듭니다. 크랙볼은 구슬이 유리로 만들어진 것을 이용해서 일부러 내부에 많은 균열을 만든 제품이에요. 그럼 어떤 식으로 균열을 만들까요? 주의해야 하지만 집에서도 쉽게 만들 수 있으니 실제로 실험해 보세요.

옛날 사람들도 사랑한 유리

창유리나 유리컵, 구슬 등 유리로 만들어진 물건은 우리 주위에서 많이 볼 수 있어요. 그렇지만 아주 먼 옛날 일본에서는 유리가 매우 귀중한 존재였습니다. 쇼무천황의 보물로 쇼소인에 보관되어 있는 유리 그릇 '하쿠루리노완'은 6세기 무렵 현재의 이라크와 이란 등을 영토로 한 사산 왕조 페르시아에서 제작된 물건이에요. 표면 전체에 커팅이 들어가 빛이 반사되어 반짝반짝 빛납니다. 같은 시대의 유리그릇은 이라크 등에서도 발견되는데 땅속에 묻혀 있어서 변질된 것이 많다고 합니다. 한편 소중히 보존되어 있던 하쿠루리노완은 1500년이 넘는 지금도 빛을 잃지 않았답니다.

유리구슬에 균열 넣기

준비물

- 유리구슬(단색 투명하고 기포가 없는 것) 10개
- 얼음
- 내열용기(깊이가 있는 파운드형 등)
- 볼
- 오븐 또는 토스터기
- 오븐 장갑
- 젓가락 등

순서

 가열 후 유리 파편이 생길 수 있습니다.
유리구슬과 사용한 도구를 정리할 때나 떨어진 파편에 다치지 않게 주의하세요.

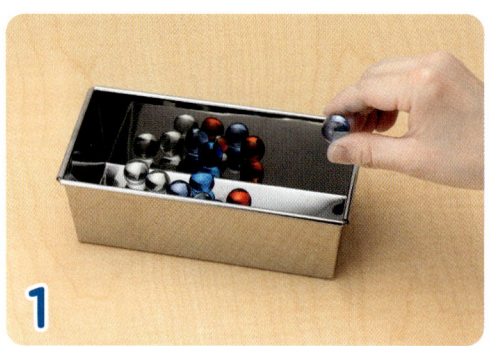

1 내열용기에 유리구슬을 넣는다.

2 200℃의 오븐 또는 토스터기로 30분 동안 가열한다.

3 볼에 물을 채우고 얼음을 넣어 냉수를 만든다.

4 오븐 장갑을 사용해 **2**의 유리구슬을 **3**에 옮기고 5분 후 젓가락 등으로 꺼낸다.

해설 온도차가 중요하다

　일반적인 투명한 유리구슬에 빛이 닿으면 일부는 구슬 표면에서 반사되고 나머지는 안으로 들어가 밖으로 나갑니다. 크랙볼은 안을 통과하는 빛이 균열된 부분에 닿아 사방으로 반사됩니다. 여기저기로 흩어진 빛이 밖으로 나오기 때문에 반짝반짝 빛나 보여요.

　그럼 유리구슬을 가열한 후 냉수에 담그면 왜 균열이 생길까요? 그 이유는 유리구슬 안팎에서 큰 온도차가 생겼기 때문이에요. 오븐에 넣고 가열해서 내부까지 뜨거워진 구슬은 팽창하려고 하는 힘이 커집니다. 이 상태의 구슬을 냉수에 담그면 이번에는 수축하려고 하는 힘이 가해집니다. 안쪽의 팽창하려고 하는 힘과 바깥쪽의 수축하려고 하는 힘이 동시에 발생하므로 깨지는 거예요. 뜨거워진 유리 용기에 물을 부으면 깨지는 경우가 있는데 이런 이유 때문입니다.

　크랙볼을 만드는 방법 중에는 유리구슬을 철로 된 프라이팬에서 가열한 후 냉수에 넣어 만드는 방법도 있습니다. 하지만 불소수지가공한 프라이팬은 사용하면 안 돼요. 260℃가 넘는 고온이 지속되면 불소수지가 분해되어 유해한 가스가 발생하기 때문이에요.

　크랙볼은 충격을 받으면 잘 깨지므로 액세서리 등으로 만들 때는 가장자리를 레진(22쪽) 등으로 단단히 굳혀서 사용하세요.

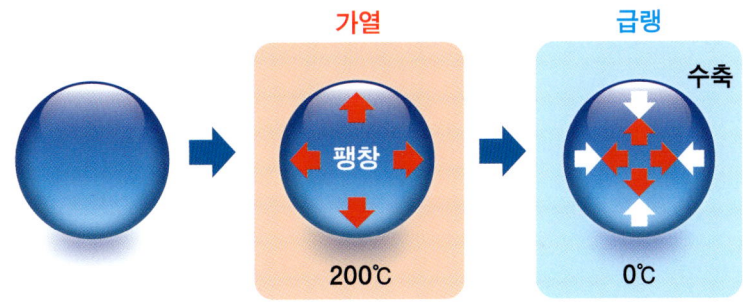

크랙볼을 만드는 방법

레진을 사용해서 자신이 좋아하는 소품을 만들어요

60분

최근에는 균일가 생활용품점 등에서도 'UV 레진용액'을 쉽게 찾을 수 있습니다. UV는 자외선(Ultra Violet), 레진(resin)은 수지를 말합니다. 바다거북 등껍질이나 호박 등도 수지인데 현재 레진이라고 하면 인공적으로 만들어진 합성수지를 말합니다.

　　UV 레진용액은 자외선에 닿으면 수 초~수 분 만에 굳습니다. 다양한 색상의 UV 레진용액과 굳히기 위한 틀이 판매되고 있어서 자신이 좋아하는 색이나 형태의 액세서리 등을 만들 수 있어요. 작은 드라이플라워나 반짝이 등 좋아하는 물건을 넣을 수 있는 점도 레진 공예의 재미랍니다. 독창적인 작품을 만들어 보세요.

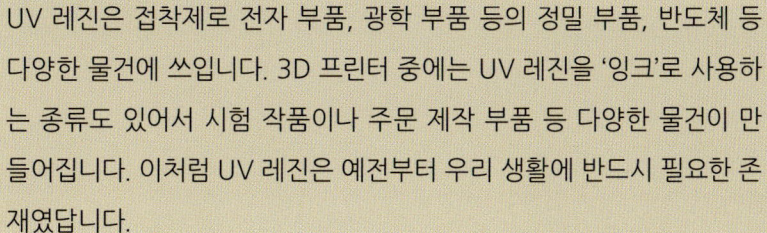

UV 레진의 여러 가지 쓰임새

UV 레진은 접착제로 전자 부품, 광학 부품 등의 정밀 부품, 반도체 등 다양한 물건에 쓰입니다. 3D 프린터 중에는 UV 레진을 '잉크'로 사용하는 종류도 있어서 시험 작품이나 주문 제작 부품 등 다양한 물건이 만들어집니다. 이처럼 UV 레진은 예전부터 우리 생활에 반드시 필요한 존재였답니다.

레진 액세서리 만들기

준비물

- UV 레진용액(수공예용)

- 작업용 장갑(일회용)

- 실리콘 매트
- 몰드(레진용 틀)
- UV-LED 손전등

순서

 UV 레진용액이 손이나 눈, 옷에 묻지 않게 주의하고 자주 환기하세요.
UV-LED 손전등의 불빛은 눈에 직접 닿으면 위험합니다. 조심해서 빛을 비춰주세요.

1 작업용 장갑을 끼고 실리콘 매트를 깐다.

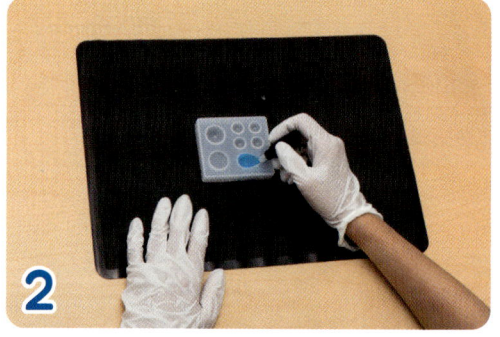

2 몰드를 올려놓고 UV 레진용액을 넣는다.

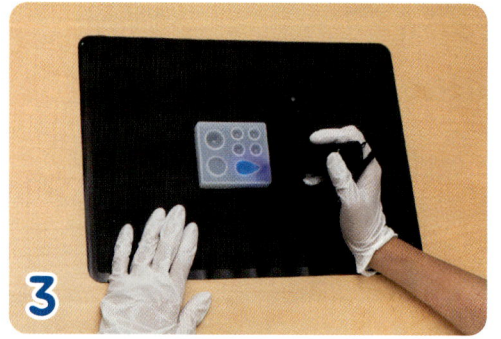

3 UV-LED 손전등을 비춰준다(빛을 쬐는 시간은 UV 레진용액의 설명서를 참고한다).

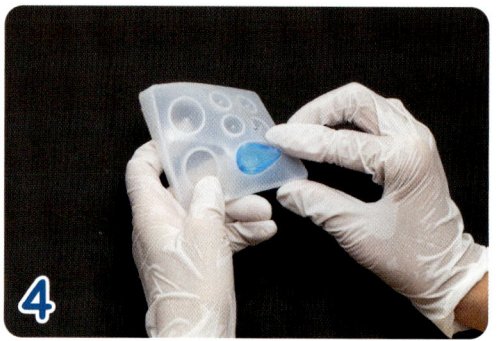

4 잠시 그대로 두고 식으면 몰드에서 꺼낸다.

해설 UV 레진의 정체

액체였던 UV 레진이 UV 손전등을 비춰줬더니 고체로 변했습니다. 이는 액체일 때 작은 분자※였던 레진에 빛이 닿아서 분자끼리 계속 달라붙어 커다란 분자가 되어 굳어졌기 때문이에요. 이렇듯 빛에너지로 액체를 고체로 변화시키는 것을 **광경화**라고 합니다. 또 광경화하는 수지를 광경화수지라고 하지요.

광경화수지는 다양한 곳에서 쓰입니다. 치과에서 충치의 썩은 부분을 도려낸 후 뭔가를 채워 넣고 빛을 쪼여준 적이 있지 않나요? 빛을 쬐기 전까지는 굳어지지 않고 빛을 쬐면 단시간에 굳는 광경화수지는 매우 편리하답니다. 손톱을 반짝이나 라이트스톤 등으로 예쁘게 장식하는 '젤 네일'도 광경화수지를 사용한 제품 중 하나예요.

광경화수지를 사용한 젤 네일

광경화수지의 종류에 따라 굳는 데 필요한 빛의 파장(29쪽)이 다릅니다. '빛을 쬐어도 굳지 않는' 경우는 사용한 수지가 어느 파장에서 굳어지는지 확인하세요. 집에 있는 손전등으로 굳어지지 않을 경우 태양광을 쬐는 방법도 있습니다. 태양광에는 여러 가지 파장의 빛이 포함되어 있기 때문입니다. 굳어지기까지 시간이 조금 걸릴 수도 있으니 다른 사람의 손이 닿지 않는 곳에 올려놓으세요.

태양광으로 UV 레진을 굳히는 방법도 있다. 몰드를 놓는 장소에 주의한다.

※ 분자는 물질을 구성하는 작은 입자를 말하며 분자보다 더 작은 '원자'로 이루어져 있다.

어둠 속에서 수상하게 빛나는 주스

🕐 **10분**

반딧불의 빛을 본 적이 있나요? 반딧불은 몸 속에 있는 **루시페린**이라는 물질 때문에 빛을 내는데 루시페린은 좀처럼 손에 넣기 어려워요. 하지만 블랙라이트를 사용하면 다양한 물질을 어둠 속에서 빛나게 할 수 있습니다.

블랙라이트는 균일가 생활용품점 등에서 '매직 라이트펜', '트릭 마커'라는 이름으로 판매되고 있어요. 이 빛을 쐬면 생각지 못한 물건이 빛을 냅니다. 평소에 전등 밑에서 흰색으로만 보이는 종이가 블랙라이트로 비추면 다른 색으로 보일 수도 있어요. 어떤 물건이 빛을 내고 그 이유는 무엇인지 살펴봅시다.

빛나는 생물

반딧불이 빛을 내는 이유는 동료와의 의사소통을 위해서라고 추측합니다. 암컷과 수컷의 빛을 내는 간격이 다르며 종류별로도 차이가 있어요. 참고로 호주와 뉴질랜드에만 서식하는 '글로우웜(Glow worm)'이라는 생물이 있습니다. 글로우웜의 정체는 '아라크노캄파 루미노사(Arachnocampa luminosa)'라는 버섯파리의 일종인 유충인데, 빛으로 먹잇감인 날벌레를 유인한다고 해요. 한편 일본 남해 연안의 각지에서 볼 수 있는 '갯반디'는 새우나 게 등과 똑같은 갑각류입니다.

반딧불, 글로우웜, 갯반디는 완전히 다른 생물이지만 몸 속의 루시페린으로 빛을 내는 점은 똑같아요.

🧪 음료수 빛나게 하기

준비물

- 비타민 B_2가 들어 있는 에너지드링크

- 투명한 유리컵 2개

- 블랙라이트

순서

 블랙라이트의 빛이 눈에 직접 닿으면 위험합니다. 조심해서 비춰주세요.

1 투명한 유리컵 1개에 비타민 B_2가 들어 있는 에너지드링크를 넣는다.

2 다른 컵 1개에 물을 넣는다.

3 방을 어둡게 하고 블랙라이트로 컵을 비춘다.

해설 형광으로 보이는 이유는 무엇일까요?

에너지드링크는 연두색으로 빛났고 물은 빛나지 않았습니다. 에너지드링크에는 비타민B_2가 들어 있는데 이 영양소가 빛나는 거예요.

사람의 눈으로는 400~780nm의 빛(가시광선)을 볼 수 있는데 1nm(나노미터)는 1미터의 10억 분의 1입니다. 사람에게는 400~450nm 파장의 빛은 보라색, 625~780nm 파장의 빛은 빨간색으로 보입니다.

보라색보다 더 짧은 파장(100~400nm 정도)의 빛인 '자외선'은 사람 눈에 보이지 않아요. 자외선은 100~280nm의 UV-C, 280~315nm의 UV-B, 315~400nm의 UV-A로 분류할 수 있습니다. 파장이 짧을수록 힘이 강력해서 인체에 해롭습니다. 태양광에는 세 가지가 다 포함되어 있지만 UV-C는 오존층에 흡수되어 지상에는 닿지 않아요. UV-B는 일부가 지상에 닿아서 피부암에 걸리거나 피부가 까맣게 타는 원인이 됩니다. UV-A는 물질을 잘 투과해서 피부 표피를 빠져나가는 탓에 주름이 생기는 원인이에요.

블랙라이트는 315~375nm 파장의 빛을 냅니다. 비타민B_2를 블랙라이트로 비추면 빛나는 이유는 사람에게 보이지 않는 빛인 UV-A가 비타민B_2에 흡수되어 에너지가 줄어들어서 사람이 볼 수 있는 가시광선으로 변하기 때문이에요.

블랙라이트를 비추면 빛나는 사물은 수두룩합니다. 홍화 색소가 포함된 파인애플 사탕이나 익은 바나나도 비춰보세요. 지폐나 배달된 우편물 등도 블랙라이트를 비추면 생각지 못한 부분이 빛날 거예요.

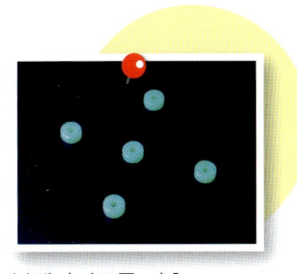

블랙라이트를 비춘 파인애플 사탕

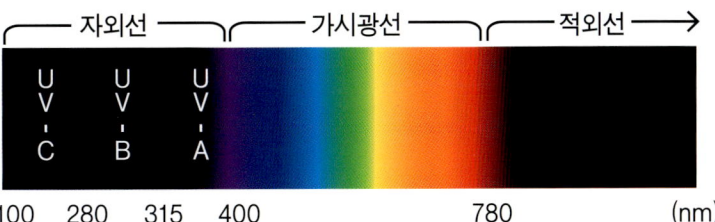

다양한 빛과 파장(이미지)

마치 보석 같아요!? 얼음사탕

2주

반짝반짝 예쁘게 빛나는 얼음사탕. 설탕 결정인데 이렇게나 반짝거리다니 신기하지 않나요? 그 이유는 빛이 반사되기 때문이에요. 얼음사탕은 투명한 결정이 여러 개씩 달라붙어서 이루어집니다. 빛이 닿으면 표면에 닿았을 때의 반사와 결정 내부에 들어가 다른 방향으로 굴절된 빛의 반사가 우리 눈에 들어옵니다.

다이아몬드나 루비 같은 보석도 투명한 결정 속을 통과한 빛이 반사되므로 반짝반짝 빛나는 것처럼 보이는 거예요. 설탕을 결정으로 만드는 데는 시간이 걸립니다. 여름방학 때 방학과제로 이 실험을 하고 싶다면 빨리 시작하는 것을 추천합니다.

주위에서 쉽게 볼 수 있는 설탕 결정

얼음사탕 외에도 설탕 결정으로 만든 간식 중에 별사탕이 있습니다. 별사탕을 만들 때는 회전하는 커다란 솥에 설탕을 녹인 당밀을 넣고 '핵'으로 사용할 싸라기설탕 등을 더해줍니다. 솥을 가열하며 회전시켜 결정화시키고 다시 당밀을 추가하는 작업을 2주 정도 반복해서 커다랗게 만든다고 해요.
회전시켜가며 결정화하면 돌기가 생겨서 별사탕이 되고 움직이지 않고 결정화하면 얼음사탕이 된다니 재미있지 않나요?

얼음사탕 만들기

준비물

- 설탕 250g+소량

- 식용색소(가루일 때는 소량의 물에 녹인다) 극소량

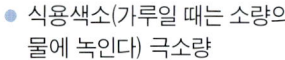
- 캔디용 막대

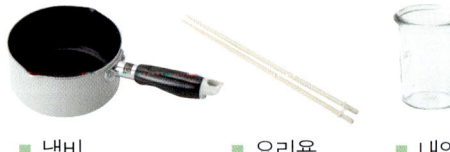
- 냄비
- 요리용 긴 젓가락
- 내열 유리컵

- 작은 접시

- 대나무 꼬치

- 소형 집게

순서

 불을 사용할 때 충분히 주의하세요.

1 냄비에 설탕 250g을 넣고 물 100㎖를 붓는다.

2 중불에서 잘 섞어가며 설탕이 다 녹으면 불을 끈다(팔팔 끓이지 않아도 된다).

3 내열 유리컵에 **2**를 넣고 식용색소를 떨어뜨린다.

4 골고루 잘 섞고 온도가 내려가서 투명해질 때(탁함이 줄어들 때)까지 기다린다.

작은 접시에 설탕을 조금 넣는다. 캔디용 막대 끝을 **4**의 용액에 담갔다가 꺼낸다.

5의 막대 끝에 작은 접시의 설탕을 묻힌다.

설탕이 굳을 때까지 기다린다(설탕이 녹으면 다시 한 번 설탕을 묻혀서 굳을 때까지 기다린다).

7의 막대가 **4**의 용액에 잠기도록 유리컵 바닥에 닿지 않게 소형 집게로 고정한다.

너무 움직이지 않게 하고 1~2주 동안 그대로 둔다.

막대를 꺼내서 건조시킨다.

* 다양한 색으로 만들고 싶을 때는 **3**에서 유리컵을 여러 개로 나눠서 넣고 각각 색소를 떨어뜨린다.

해설 결정화하는 이유는 무엇일까요?

설탕은 물에 매우 잘 녹습니다. 온도가 높아질수록 많이 녹지요. 20℃의 물 100㎖에 녹는 설탕의 양은 203.9g인데, 60℃의 물 100㎖에는 287.3g이 녹으며 100℃의 물 100㎖에는 485.2g이나 녹습니다.

뜨거운 설탕물을 잠시 방치하면 온도가 낮아져서 다 녹지 못한 설탕이 결정화해서 나타납니다. 그 후 수분이 증발하면 결정화하는 설탕의 양이 늘어납니다. 시간이 지날수록 얼음사탕이 커지는 이유는 이 때문이에요.

결정화할 때는 달라붙는 중심이 되는 **핵**이 필요해요. 그래서 얼음사탕을 만들 때는 핵이 되는 설탕을 반드시 막대에 묻혀야 합니다.

완성된 얼음사탕의 결정은 가까이 들여다보면 알갱이마다 투명한 것을 잘 알 수 있습니다. 사실 새하얗게 보이는 설탕도 돋보기로 한 알갱이씩 보면 조금 투명해 보여요. 평소에 하얗게 보이는 이유는 작은 알갱이가 잔뜩 모여 있기 때문이에요.

결정의 핵이 되는 설탕을 묻힌다.

얼음사탕의 알갱이마다 투명하게 비친다.

응용 명반 결정 만들기

1시간

설탕 외에 결정을 쉽게 만들 수 있는 친숙한 물건으로는 봉숭아 물들이기에 쓰이는 명반(백반)이나 다음 쪽에서 소개하는 요소가 있습니다. 둘 다 온도에 따라 물에 녹는 양이 달라지고 물이 줄어들면 녹지 못해서 결정이 됩니다. 설탕과 명반, 요소의 구조는 비슷하지만 결정의 형태는 각각 다릅니다. 설탕의 경우 작은 정육면체 여러 개가 붙어 있어요. 명반은 시간을 들여서 천천히 결정화시키면 커다란 정팔면체가 됩니다. 이번에는 좀 더 간단하게 명반의 작은 결정을 살펴볼까요? 반짝반짝 빛나서 예쁘답니다.

준비물

- 구운 명반 25g
- 물(60~70℃ 정도) 200㎖
- 작은 접시
- 내열 유리컵
- 나무젓가락

마트나 약국에서 판매하는 구운 명반

순서

1 구운 명반 소량(커피 머들러 1스푼 정도)을 작은 접시에 나눠 놓는다.

2 내열 유리컵에 물을 넣는다.

3 1 이외의 구운 명반을 2에 더하고 잘 섞어서 녹인다.

4 실온으로 내려갈 때까지 가만히 둔다.

5 1의 구운 명반을 4에 더한다.

5 이후 녹은 명반이 작은 결정이 되어 나타난다.

요소의 결정으로 만드는 복슬복슬한 트리

반나절

결정은 물질의 원자나 분자 등이 규칙적으로 함께 굳어진 물질입니다. 설탕이 결정화 해서 얼음사탕(30쪽)이 되기까지는 며칠이나 걸리지만 몇 시간 안에 결정이 되는 것도 있어요.

약국 등에서 판매하는 요소를 예로 들 수 있는데, 가는 바늘 모양의 결정을 복슬복슬한 모양으로 늘릴 수 있어서 보기만 해도 재미있답니다. 분명히 생각한 것보다 훨씬 더 많은 결정이 생길 거예요. 하지만 이 실험은 습도가 높으면 실패할 확률이 높아집니다. 공기 중의 수증기가 많아지는 여름철에 이 실험을 할 경우에는 에어컨을 켜서 온도와 습도를 낮추고 시도해 보세요.

요소의 결정화

준비물

- 요소 50g
- 중성세제
- 세탁풀(PVA)
- 모루(털철사, 수공예용)
- 조각 스펀지
- 냄비
- 온도계
- 작은 스푼
- 나무젓가락
- 금속 트레이
- 투명한 용기 (용량 100㎖ 정도)

순서   불을 사용할 때 충분히 주의하세요

1 냄비에 물(가능하면 미지근한 물) 40㎖를 넣고 온도를 잰다. 요소를 더해서 다시 온도를 잰다.

2 약불에서 잘 섞어가며 중성세제 한 방울을 떨어뜨린다.

3 세탁풀을 작은 스푼으로 1스푼 정도 넣는다.

4 잘 섞어서 요소가 녹으면 불을 끄고 그 상태로 식힌다.

5 모루를 트리 모양으로 구부려서 조각 스펀지에 꽂는다.

6 금속 트레이에 올려놓은 투명한 용기에 **5**를 넣고 **4**를 붓는다. 그 상태로 둔다.

해설 여러 가지 모습을 보여주는 요소

요소는 그 이름대로 소변에도 포함되지만 우리 피부 속에도 있어서 수분을 유지하는 역할을 합니다. 시중에서 판매하는 핸드크림 등에 '요소 배합'이라고 쓰여 있는 제품이 있는 이유는 요소가 피부에 잘 스며들고 수분을 유지해서 보습 효과가 좋기 때문이에요.

그런데 따뜻한 물에 요소를 더하면 온도가 내려갑니다. 요소는 물에 녹을 때 주위에서 열을 빼앗거든요(흡열 반응). 때리면 차가워지는 '순간 냉각재'가 있는데 이는 요소와 물의 흡열 반응을 이용한 것입니다.

요소가 들어 있는 용액에 모루를 담갔더니 촉촉하게 젖어든 후 흰 결정이 생기기 시작했습니다. 이는 물에 녹은 요소가 결정화했기 때문이에요. 모루의 표면에서 수분이 증발하면 물속에 요소가 녹은 상태를 유지하지 못해서 결정화합니다.

작은 나무 모형을 올려놓고 4개 중 3개에 요소 용액을 듬뿍 뿌렸다.

이 실험은 조건을 바꿔서 할 수 있어서 체험 학습용으로 활용하기도 편합니다. 이를테면 물의 온도를 바꿔서 요소의 녹는 차이를 보는 방법도 좋아요. 세탁풀을 넣지 않으면 어떻게 될까? 양을 바꾸면 어떻게 될까? 이렇게 자신이 직접 여러 가지 조건의 차이를 시험해 보세요. 또 모루뿐만 아니라 두꺼운 종이나 펠트 등을 사용할 수도 있습니다. '물이 스며드는 물건'이면 요소 용액이 스며들어 결정화하니까 다양한 물건을 활용해서 시험하면 좋아요.

요소를 사용한 순간 냉각재

좀처럼 볼 수 없다?
무지개를 직접 만들어요

20분

비가 갠 하늘에 커다란 무지개가 뜰 때가 있어요. 하지만 무지개는 아무것도 없어야 할 하늘에서 보입니다. 잘 생각해보면 이상하지 않나요?

무지개는 태양이 높은 위치에 있는 낮 동안에는 볼 수 없습니다. 아침이나 저녁 무렵의 태양이 낮은 위치에 있을 때 무지개가 보여요. 그 시간대에 비가 개어서 태양이 뜨면 무지개를 볼 수 있어요.

실제로 무지개는 아무것도 없는 곳에 생기는 게 아니라 공중에 물방울이 많은 곳에 생깁니다. 물방울에 반사된 태양광이 무지개의 정체랍니다. 하지만 태양광이 무지개색으로 보이지는 않잖아요. 왜 물방울에 닿으면 무지개색으로 보일까요? 맑은 날 아침이나 저녁 무렵에 무지개를 직접 만들어서 확인해 봅시다.

무지개 만들기

준비물

- 분무기

순서

 여름철의 낮 시간에는 관찰이 어려운 실험입니다.
태양이 낮은 위치에 있을 때(아침이나 저녁) 해 보세요.

분무기에 물을 넣는다.

태양을 등지고 서서 앞을 향해 분무기로 물을 뿌린다.

잘 안 보일 경우에는 그림자가 진 곳에 분사한다.

해설 무지개는 왜 생길까요?

무지개가 보이는 이유는 태양광이 공기 중의 물방울에 반사되어 그 빛이 우리 눈에 닿기 때문입니다. 태양이 높은 곳에 있으면 반사된 빛은 우리 눈에 닿지 않아요. 그래서 무지개는 아침이나 저녁 무렵에 태양광이 비스듬히 비출 때 보입니다.

태양광에는 여러 색의 빛이 섞여 있어요. 빛은 공기 중을 똑바로 나아가는데 물방울 속에 들어갈 때 굴절됩니다. 굴절되는 각도는 빛의 색에 따라 차이가 있는데 보라색 빛은 크게, 빨간색 빛은 작게 꺾여요. 그렇기 때문에 무지개는 위쪽이 빨간색, 아래쪽이 보라색으로 보이는 거예요.

무지개색은 선명하게 나뉜 것이 아니라 연속적으로 변화해서 지역이나 시대에 따라 '색의 수'가 다릅니다. 일본에서 무지개색은 빨간색, 주황색, 노란색, 초록색, 파란색, 남색, 보라색의 7색이지만, 미국에서는 남색이 없는 6색이며 아프리카에는 따뜻한 색과 차가운 색만 있다고 보는 부족도 있는 모양이에요. 하지만 빛이 굴절되는 각도는 전 세계 어디든지 똑같기 때문에 무지개의 위쪽은 빨간색(따뜻한 색), 아래쪽은 보라색(차가운 색)입니다.

그런데 맑은 날의 아침이나 저녁 무렵에 늘 무지개가 보이는 장소가 있습니다. 그곳은 커다란 폭포 옆이에요. 폭포의 물보라가 빗방울과 같은 작용을 해서 무지개가 보인답니다. 하와이에는 무지개가 자주 뜬다고 해요. 그 이유는 소나기가 내린 후에 날씨가 맑아질 때가 많기 때문이에요. 하와이에서는 바다에서 불어오는 습기 찬 바람이 산에 부딪쳐서 비가 내립니다. 그런 후에 날이 갤 때가 많아서 무지개가 잘 뜨는 거예요.

무지개가 보이는 구조

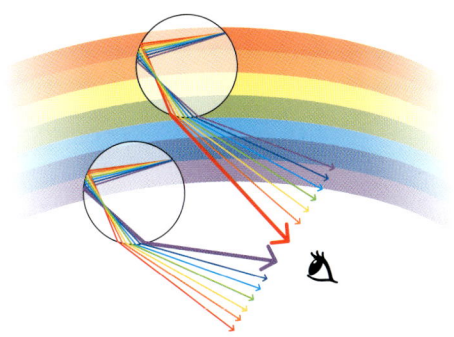

태양광에 포함되어 공기 중을 통과한 빛은 공기 중에 있는 물방울에서 굴절된다. 굴절된 각도는 색에 따라 다른데 위쪽에 있는 물방울에서는 빨간색 빛이 잘 보이고, 아래쪽에 있는 물방울에서는 보라색 빛이 잘 보인다.

응용 CD나 DVD로 만들 수 있는 무지개  5분

　방을 어둡게 하고 CD나 DVD에 손전등 불빛을 비춰 보세요. 표면의 색이 달라지거나 반사된 빛이 방의 벽에 비칩니다. 무지개색으로 보이지 않나요?

　CD에는 1mm 사이에 625개, DVD에는 1mm 사이에 약 1,350개나 되는 자잘한 홈이 파여 있습니다. 홈이 없는 부분에 빛이 닿으면 빛이 반사됩니다. 반사되는 각도가 빛의 색에 따라 다르므로 색이 나뉘어 보인답니다.

준비물

- CD 또는 DVD
- 손전등

순서

1 방의 전깃불을 끈다.

2 CD 또는 DVD를 손전등으로 비춘다.

CD를 정면에서 비추면 표면이 무지개색을 띤다.

CD를 비스듬히 비추면 벽에 무지개색이 비친다.

제 2 장

움직임에서 시선을 뗄 수 없어요

라바 램프 같아요!
신기하게 움직이는 액체

20분

우리 주위에 있는 대부분의 물건은 위에서 아래로 떨어집니다. 예를 들면 이 책을 손으로 잡았다가 놓으면 바닥으로 떨어질 것입니다. 위로 올라갈 일은 없어요. 그렇기에 아래에서 위로 떠오르는 것을 보면 왠지 신기한 느낌이 들지요.

그러나 이 실험에서는 아래에 있던 액체가 위로 올라갔다가 아래로 떨어집니다. 이 두 개의 층으로 이루어진 액체와 그 속에 뜨는 기포는 도대체 무엇일까요?

영국에서 처음 만들어낸 라바 램프

라바 램프는 투명한 용기 속에서 액체가 신기하게 움직이는 조명기구입니다. 1960년대 영국에서 발명되었는데 미국 등에서 유행하고 일본에서도 인테리어 소품으로 판매되고 있어요. 라바(lava)는 용암이라는 뜻이에요. 용암처럼 액체가 천천히 움직이며 형태를 바꾸는 모습에서 이름이 붙었답니다.

실제로 라바 램프 속에는 색을 넣은 수용액과 왁스가 들어 있어요. 왁스는 유성이라서 수용액과는 섞이지 않습니다. 전구의 열로 왁스가 따뜻해져서 용암을 연상시키는 움직임을 보여주는 거예요.

떠오르는 액체 관찰하기

준비물

- 식용색소 극소량

- 베이비오일 (또는 샐러드유 등)

- 구연산 1/2작은술

- 탄산수소나트륨 1/2작은술

- 유리 용기 (용량 200㎖ 정도)
- 넓적한 그릇
- 스푼

순서

 구연산이 손에 묻지 않게 주의하세요.

1 넓적한 그릇을 놓고 유리 용기에 물 75㎖를 넣은 후 식용색소를 더해서 섞는다.

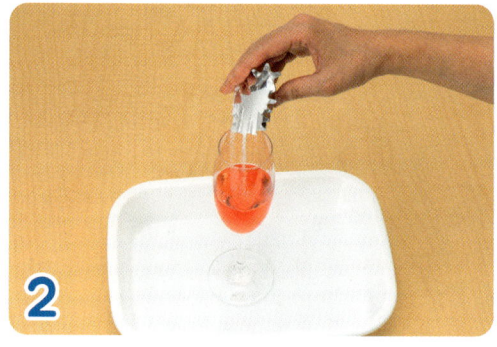

2 1에 구연산을 넣는다(섞지 않아도 된다).

3 2에 베이비오일을 천천히 붓는다.

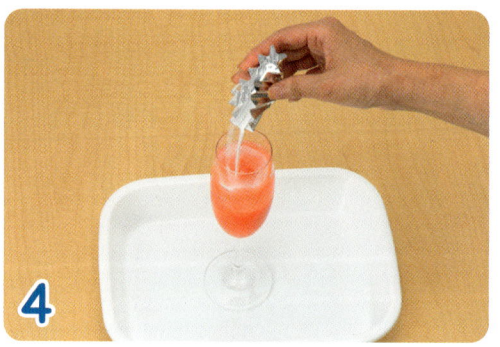

4 3에 탄산수소나트륨을 넣는다.

해설 올라왔다 떨어지는 이유

물은 물분자가 모여서 이루어집니다. 물분자는 물분자끼리 달라붙는 힘이 강해서 기름처럼 물분자와 형태가 크게 다른 물질과는 서로 섞이지 않아요. '최대한 같은 물질끼리 달라붙는다. 다른 물질과는 되도록 달라붙지 않게' 하려면 '공 모양'이 되는 게 가장 좋습니다.

물과 기름을 섞으면 물이 기름보다 무겁기 때문에 아래쪽이 물, 위쪽이 기름인 2층으로 나뉩니다. 탄산수소나트륨은 기름에 녹지 않아서 아래쪽으로 떨어집니다. 물속에 들어가면 구연산과 반응해서 기포가 생겨요. 기포는 물로 감싸인 기체라서 기름보다 더 가볍기에 기름 속을 통과해 위쪽으로 올라갑니다. 그리고 기포가 터진 후 남은 물이 다시 아래로 떨어집니다.

그럼 탄산수소나트륨과 구연산이 반응해서 생긴 기포는 무엇일까요? 탄산수소나트륨은 알칼리성이며 구연산은 산성입니다. 알칼리성인 탄산수소나트륨이 산성인 물질과 섞이면 이산화탄소가 발생해요. 식초나 레몬즙 등도 산성이라서 탄산수소나트륨과 반응시키면 이산화탄소가 발생합니다.

탄산수소나트륨은 다른 말로 '베이킹 소다'라고도 해요. 목욕할 때 욕조에 넣는 발포입욕제의 성분을 살펴보세요. '탄산수소나트륨'이 들어 있지요? 탄산수소나트륨이나 탄산나트륨 등의 알칼리성 물질이 푸마르산나트륨 등의 산성 물질과 반응하여 이산화탄소가 발생해 기포가 되는 거예요.

이때 주위에서 열을 빼앗는 반응도 일어납니다. 거품이 생기는 발포입욕제를 만져 보세요. 차가워졌을 거예요. 욕조에는 뜨거운 물의 양이 많아서 쉽게 식는 일은 없지만 발포입욕제가 부글부글 거품을 낼 때 주위의 물이 살짝 차가워집니다.

탄산수소나트륨이 포함된 발포입욕제

응용 화학의 힘으로 분출하는 거품

 10분

탄산수소나트륨과 구연산을 섞으면 이산화탄소가 발생하는 모습을 또 다른 실험으로 확인해 볼까요? 단 이산화탄소는 눈에 보이지 않아요. 이산화탄소 거품을 만들어서 이산화탄소를 눈에 보이게 만들어 봅시다.

물에 갠 치약에 탄산수소나트륨과 구연산을 넣으면 거품이 분출합니다. 이는 탄산수소나트륨과 구연산이 반응하여 이산화탄소가 발생했기 때문이에요. 거품이 그만 나오면 병을 만져 보세요. 차가워진 것을 알 수 있답니다.

준비물

- 식용색소 극소량
- 치약 5mm 정도
- 탄산수소나트륨 1/2작은술 정도
- 구연산 1/2작은술 정도
- 작은 병(용량 35㎖ 정도)
- 나무젓가락
- 금속 트레이 등

나무젓가락에 치약을 묻혀서 잘 섞는다.

순서

 구연산이 손에 묻지 않게 주의하세요.

1. 작은 병에 물을 반 정도 붓고 식용색소를 넣어서 잘 섞은 후 치약을 더해서 섞는다.

2. 탄산수소나트륨을 넣는다.

3. 2를 금속 트레이 등에 올려놓고 구연산을 넣는다.

이산화탄소가 발생해 부글부글 거품이 나온다.

응용 화학의 힘으로 부풀어 오르는 풍선

 10분

탄산수소나트륨과 구연산이 반응해서 생기는 이산화탄소로 고무풍선을 부풀게 할 수도 있습니다.

준비물

- 탄산수소나트륨 2큰술
- 구연산 2큰술
- 고무풍선 1개
- 조미료통(꿀이나 소스 등을 넣는 입구가 가느다란 타입)
- 페트병(용량 500㎖)

순서

⚠️ 구연산이 손에 묻지 않게 주의하세요.

1. 조미료통에 탄산수소나트륨을 넣는다.

2. 1의 입구를 고무풍선에 끼워서 내용물을 옮긴다.

3. 페트병에 구연산과 물 100㎖를 넣는다.

4. 2의 고무풍선을 3의 페트병 입구에 빈틈없이 씌운다.

5. 고무풍선을 움직여서 속에 있는 탄산수소나트륨을 페트병으로 옮긴다.

조미료통의 넓은 입구로 탄산수소나트륨을 넣고 가느다란 입구를 장착해 놓는다. 고무풍선에 탄산수소나트륨을 쉽게 넣을 수 있다.

마지막으로 고무풍선과 페트병의 입구끼리 빈틈없이 맞춰서 고무풍선을 뒤집는다.

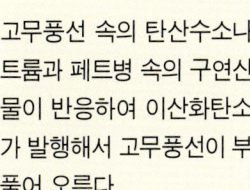

고무풍선 속의 탄산수소나트륨과 페트병 속의 구연산 물이 반응하여 이산화탄소가 발행해서 고무풍선이 부풀어 오른다.

작은 회오리 같아요! 페트병 토네이도

30분

'회오리'는 커다란 적란운 밑에서 깔때기 모양으로 뻗은 공기의 격렬한 소용돌이를 말합니다. 상공에 차가운 공기가 들어와서 지상과 상공의 기온차가 커졌을 때 많이 발생해요. 미국에서는 해마다 1천 개 정도의 회오리가 발생해서 큰 피해가 나옵니다. 일본에서는 그 정도까지는 아니지만 특히 9월에 많이 발생해서 주의하도록 당부합니다.

회오리는 영어로 토네이도(tornado)인데 페트병으로 만드는 회오리는 진짜 회오리와 형성 과정은 다르지만 소용돌이 모양은 똑같답니다.

회오리의 속도는 어떻게 표현할까?

회오리의 풍속은 F0에서 F5까지 6단계의 후지타 등급(F-Scale)*으로 표현합니다. F0은 초속 17~32미터로 작은 가지가 부러질 정도, F3은 초속 70~93미터로 집이 파괴되고 자동차가 들릴 정도입니다. 가장 큰 F5는 초속 117~142미터로 집은 흔적도 없이 쓸려가고 열차 등이 들려서 날아간다고 해요. 일본에서는 F3까지만 관측되었는데 미국에서는 지금까지 여러 번 F5의 회오리가 일어나 큰 피해를 입었습니다.

* 후지타 등급(F-Scale) : 2007년 등급 기준과 세부 사항을 수정하여 개량 후지타 등급(EF-Scale)을 사용하고 있습니다. - 역자

🧪 페트병을 사용해서 회오리 일으키기

준비물

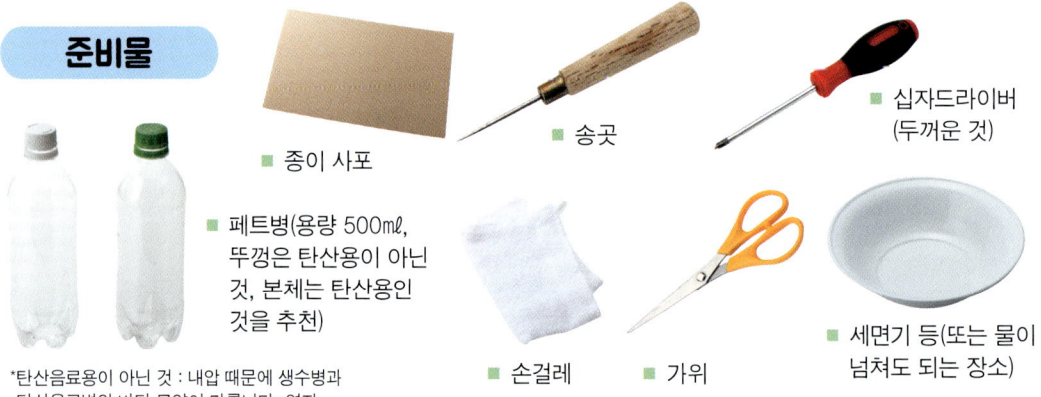

- 종이 사포
- 송곳
- 십자드라이버 (두꺼운 것)
- 페트병(용량 500㎖, 뚜껑은 탄산용이 아닌 것, 본체는 탄산용인 것을 추천)
- 손걸레
- 가위
- 세면기 등(또는 물이 넘쳐도 되는 장소)

*탄산음료용이 아닌 것 : 내압 때문에 생수병과 탄산음료병의 바닥 모양이 다릅니다 -역자

순서

 날카로운 물건을 다룰 때 주의하세요.

1 페트병 뚜껑 1개의 윗면을 표면의 글씨가 안 보일 때까지 종이 사포로 문지른다(다른 1개의 뚜껑은 사용하지 않는다).

2 접어놓은 손걸레에 **1**을 올려놓고 송곳을 사용해서 한가운데에 구멍을 뚫는다.

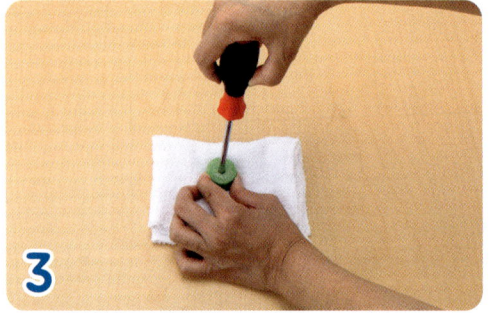

3 십자드라이버를 사용해서 구멍을 지름 8mm 정도로 넓힌다(가위로 골고루 넓혀도 좋다).

4 한쪽 페트병에 물 400㎖ 정도를 넣고 **3**의 뚜껑을 닫는다.

세면기 등에 다른 페트병을 올려놓고 **4**를 뒤집어서 위에 놓는다.

접속 부위를 손으로 눌러가며 위쪽 페트병을 빙글빙글 돌린다. 소용돌이가 생기면 손을 멈춘다.

해설 페트병 속에서 일어난 일

물이 들어 있는 페트병을 뒤집어서 올려놓기만 했을 때는 물이 아래로 조금 떨어졌습니다. 회전시키면 물이 회오리치며 순식간에 아래로 흘러나옵니다.

단순히 뒤집어서 올려놓기만 하면 위쪽에 있는 물과 아래쪽에 있는 공기가 교체되지 않아서 물은 거의 이동하지 않습니다.

회전시키면 한가운데에 공기가 지나갈 수 있는 길이 생겨요. 그러면 공기가 위쪽으로 이동해서 물이 아래쪽으로 떨어집니다.

회오리의 경우 소용돌이 속의 상승기류에 의해 집이나 자동차 등이 들려 올라갈 수도 있어요. 페트병 속에서는 회오리와 마찬가지로 공기가 아래쪽에서 위쪽으로 올라갑니다. 소용돌이 모양은 회오리와 똑같아요.

일본에서는 해마다 태풍이 회오리보다 더 큰 피해를 냅니다. 태풍은 따뜻한 바다에서 대량의 수증기가 상승하면 구름이 생기는데 그 구름이 소용돌이치며 점점 커진 거예요. 풍속이 초속 17.2미터 이상이면 태풍이고 그 이하면 열대 저기압이라고 합니다.

회오리와 태풍은 '지상의 습하고 따뜻한 공기'와 '상공의 차가운 공기' 때문에 발생한다는 점에서 똑같아요. 하지만 크기에 차이가 있습니다. 회오리는 지름이 수십 미터~수백 미터지만 태풍은 500km가 넘는답니다.

대분출에 깜짝!? 멘토스 가이저

10분

　탄산음료에 멘토스를 넣은 순간 거품이 뿜어져 나오는 이 실험은 동영상 사이트에서도 '멘토스 가이저'로 인기가 있어요. '멘토스'는 네덜란드의 회사가 개발하고 지금은 세계 각국에서 판매되는 소프트 캔디인데 표면이 설탕 코팅 성분(당의)으로 덮여 있어요. '가이저(geyser)'는 간헐천이라는 뜻입니다.

　멘토스를 넣었을 때 거품이 발생하는 이유는 탄산음료 속의 탄산가스(이산화탄소)가 순식간에 빠져나오기 때문이에요. 우리가 마시는 탄산음료에는 상상을 초월하는 양의 이산화탄소가 녹아 있어요. 탄산음료에 포함된 기체의 양을 실감해보세요.

간헐천이란?

간헐천은 일정한 시간을 두고 뜨거운 물을 뿜어내는 온천이에요. 미국 옐로스톤에 있는 간헐천에서는 약 90분에 한 번씩 뜨거운 물이 순식간에 뿜어져 나오는데 높이가 30~50미터나 됩니다.
옐로스톤은 북아메리카대륙에서 가장 큰 화산지대에 있으며 지하 수십km에 마그마가 모여서 뜨거워진 '마그마 챔버(다량의 마그마가 모여 있는 지하 공간 -역주)'가 있다고 해요. 간헐천은 지하에 있는 물이 지열로 따뜻해져서 수증기가 되어 분출하는 현상이라고 할 수 있습니다.

멘토스 가이저 발생시키기

준비물

- 멘토스 10개

- 콜라(2리터 페트병의 코라콜라 제로 또는 다이어트콜라)

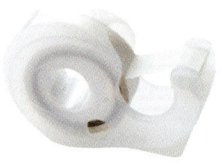
- 마스킹 테이프

순서

 콜라가 흘러넘쳐도 상관없는 곳에서 시작하고 실험 후에는 잘 씻어내세요.

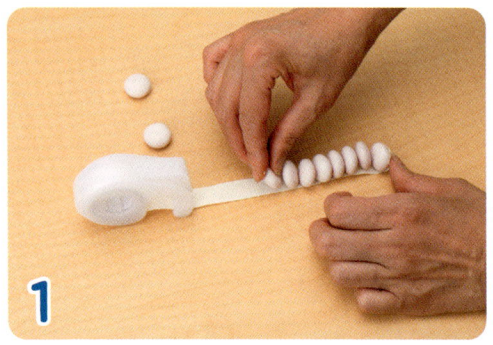

1 마스킹 테이프를 사용해서 멘토스 10개를 붙인다.

2 최대한 일직선으로 놓아서 10개를 한꺼번에 페트병 속에 넣을 수 있게 고정한다.

3 콜라병의 뚜껑을 열고 **2**를 한 번에 다 넣는다.

4 즉시 뒤로 조금 물러서서 관찰한다.

해설 콜라는 왜 분출했을까?

멘토스를 넣었더니 콜라가 분출했습니다. 이는 콜라 속에 녹아 있던 이산화탄소가 자극을 받아서 한꺼번에 나왔기 때문이에요. 2리터짜리 페트병 콜라에는 이산화탄소 8리터 정도가 갇혀 있답니다.

콜라를 유리컵에 따르면 안쪽 유리면에 기포가 생깁니다. 억지로 갇혀 있던 이산화탄소가 유리의 울퉁불퉁한 표면에 자극을 받아 움직였기 때문이에요. 멘토스 표면에는 미세한 구멍들이 잔뜩 뚫려 있습니다. 멘토스를 콜라에 넣으면 그 구멍들의 자극으로 이산화탄소가 쉽게 움직여서 기포가 만들어져요.

또한 구멍이 많아야 이산화탄소는 기포가 되기 쉬워집니다. 멘토스 10개를 한꺼번에 넣었기 때문에 이산화탄소가 순식간에 기포가 되어 콜라가 분출한 거예요.

그럼 색이나 맛이 없는 탄산수에 멘토스를 넣어보면 어떻게 될까요? 마찬가지로 이산화탄소가 갇혀 있는데도 콜라로 실험했을 때만큼 높이 분출하지는 않습니다.

콜라 속에는 이산화탄소 외에도 감미료와 캐러멜 색소 등이 녹아 있습니다. 이 성분들은 멘토스가 들어왔을 때 이산화탄소가 순식간에 기포가 되는 것을 돕습니다. 그런 성분이 함유되지 않은 탄산수에서는 콜라처럼 순식간에 기포가 되지 않으므로 높이 분출하지는 않아요.

탄산음료에 멘토스를 넣는 실험은 외국에서도 자주 실시되고 학술논문도 발표되고 있습니다. 미국에서 화학을 전공하는 대학생이 한 실험에서는 가장 높이 분출하는 탄산음료는 '닥터페퍼 다이어트 체리'이며 그 다음이 '코카콜라 제로'였다고 해요.

멘토스의 표면에는 미세한 구멍들이 송송 뚫려 있다.

여름이 아니라도 보이는 물속의 아지랑이

10분

여름철의 매우 화창하고 더운 날에 아스팔트 도로 위로 아른아른 움직이는 공기가 보일 때가 있습니다. 바로 아지랑이에요. 한자로는 '양염(陽炎)'이라고 하는데 그 이름대로 불꽃처럼 흔들립니다.

아지랑이는 영어로 'heat haze'이며 그 뜻은 '뜨거운 실안개'입니다. 태양열로 따뜻해진 공기가 주위의 공기와 섞이며 공기의 흐름이 흐트러져서 발생해요.

아지랑이는 태양광이 강하고 공기 중에 수증기가 많은 여름철에 쉽게 발생하지만 겨울에는 거의 볼 수 없어요. 하지만 아지랑이와 똑같이 아른거리는 움직임은 계절에 상관없이 만들 수 있답니다. 물속의 아지랑이를 살펴봅시다.

흔들림의 효과

촛불이나 모닥불 등 하늘하늘 흔들리는 빛을 보면 마음이 안정될 때가 있지요? 불꽃처럼 '예측할 수 없을 것 같은' 우연성과 기대성이 있는 '흔들림'에는 힐링 효과가 있다고 해요. 정말로 효과가 있는지 아직 연구하는 중인 듯하지만 실용품으로는 거의 쓰이지 않게 된 양초가 인테리어 용품으로 인기가 많은 이유는 흔들림을 보고 싶어 하는 사람이 많기 때문은 아닐까요?

컵 속에서 아지랑이 만들기

준비물

- 사탕
- 연줄(또는 낚시줄)
- 투명한 용기

순서

1 사탕을 연줄로 동여맨다.

2 투명한 용기에 물을 넣는다.

3 2 속에 1을 넣는다.

변형
부직포 티백에 설탕을 넣어서 물속에 가라앉혀도 아지랑이를 볼 수 있다.

해설 아지랑이가 보이는 이유

물속에 넣은 사탕이나 설탕에서 아지랑이 모양이 나타났습니다. 물이 든 컵 속에 빨대나 머들러를 꽂아 보세요. 일직선이어야 하는데 어긋난 것처럼 보이지 않나요? 빛은 똑같은 물질 속에서는 똑바로 진행하지만 다른 물질 속에 들어갈 때 굴절됩니다. 공기 중에 있는 것과 물속에 있는 것은 서로 달리 보여요(97쪽).

사탕이나 설탕은 물에 넣으면 녹습니다. 물속을 나아가던 빛은 설탕이 녹은 부분에 들어가면 굴절됩니다. 녹은 설탕 등의 농도에 따라 굴절 각도가 달라지기 때문에 아지랑이처럼 보이는 거예요.

이렇듯 투명한 액체나 기체 속에서 장소에 따라 굴절률이 다르면 아지랑이가 보이는 현상을 '슐리렌 현상'이라고 해요. 슐리렌(Schlieren)은 독일어로 '줄무늬(불균일)'라는 의미입니다.

여름철의 더운 날에 아지랑이가 보이는 이유는 공기의 밀도가 다르기 때문이에요. 뜨거운 도로로 따뜻해진 공기는 가벼워져서 위쪽으로 올라갑니다. 공기는 밀도가 높든 낮든 투명하지만 밀도에 따라 그곳을 지나는 빛의 방향이 달라져요. 그래서 아른아른 움직이는 아지랑이가 보이는 거예요. 물속에 얼음을 넣었을 때 아른거리는 모습이 보이는 것도 똑같은 이유입니다.

컵에 넣은 머들러는 수면에서 굴절되어 보인다.

여름철의 아지랑이

눈에 보이나요? 공기의 대단한 힘

 20분

바람은 눈에 보이지 않지만 느낄 수 있습니다. 강한 바람 속에 있으면 뭔가 미는 듯한 기분이 들지 않나요? 우리를 미는 것은 공기 중의 기체 분자입니다. 바람은 '공기의 흐름'이며 우리가 바람을 느낄 수 있는 이유는 기체 분자가 우리에게 부딪치기 때문이에요. 공기포를 사용해서 공기 중에 있는 기체 분자의 존재를 실감해 보세요.

공기에도 무게가 있다

우리는 공기에 둘러싸여 있습니다. 평소에 느낄 수 없지만 머리 위쪽에는 두꺼운 공기층이 있어요. 그 무게는 1cm²당 1kg 정도에요. 머리의 무게가 10cm×20cm 정도라고 하면 약 200kg의 공기가 얹혀 있다는 뜻입니다.

우주에는 공기가 없어요. 평소에 공기에 눌린 우리 몸은 공기가 없는 곳에 가면 파열합니다. 그래서 우주복 내부는 압력이 가해지는 구조로 이루어져 있어요.

🧪 공기포 만들기

준비물

- 골판지 상자
- 드라이아이스
- 점착테이프
- 펜
- 커터 칼
- 목장갑

순서

 칼을 다룰 때 주의하세요.
드라이아이스로 화상을 입지 않게 조심하고 실험이 끝나면 환기하세요.

1 골판지 상자의 뚜껑과 바닥 부분을 점착테이프로 붙인다.

2 골판지 상자의 옆면(면적이 좁은 쪽)에 원을 그리고 커터 칼로 도려낸다.

3 목장갑을 끼고 **2**에 드라이아이스를 넣어서 안쪽을 연기로 가득 채운다.

4 상자의 좌우를 양손에 끼우듯이 해서 세게 때린다.

해설 골판지 상자에서 나온 것

우리 주위에 있는 공기 속에서는 기체 분자가 초속 400미터 정도로 날아다닙니다. 하지만 기체 분자는 매우 작고 가벼운 탓에 우리가 '기체 분자가 부딪쳤다'고 느끼지는 못해요.

공기 $1cm^3$ 속에는 분자 $3×10^{19}$개가 포함되어 있습니다. 그중 약 80%는 질소 분자이며 약 20%가 산소 분자입니다. 평소에 기체 분자는 사방팔방으로 날아다니며 똑같은 방향으로 움직이지 않습니다.

공기포에서는 '기체 분자가 한 덩어리가 된 채 똑같은 방향으로 움직이는' 일이 일어납니다. 골판지 상자 안에서 힘차게 밖으로 튀어나온 기체 분자는 밖에 있던 기체 분자와 부딪쳐서 일단 뒤로 돌아갑니다. 그러나 밀려나온 공기에 휩쓸려서 빙글빙글 회전하게 되지요. 회전하면 기체 분자는 덩어리가 된 채 똑같은 방향으로 움직입니다. 그래서 공기포 앞에 있으면 공기가 닿는 게 느껴지는 거예요.

대기 중이 기압의 차이가 생기면 기압이 높은 쪽에서 낮은 쪽으로 기체 분자가 움직입니다. 한 방향으로 움직이기 때문에 공기의 흐름, 즉 바람이 일어납니다.

그럼 공기포의 구멍을 별모양이나 삼각형으로 만들면 어떻게 될까요? 가능하면 소용돌이 고리 모양을 확인해 보세요.

공기포의 구조

손으로 때리면 골판지 상자가 찌부러져서 작아지고 안쪽의 기압이 높아진다.

공기에 닿아서 뒤로 돌아간다.

바람이 일어난다.

회전하며 앞으로 나아간다.

공기포의 소용돌이 고리

제멋대로 움직이기 시작한다? 캔들 시소

일본에서 허수아비 용도로 쓰였던 '시시오도시(鹿威し)'라는 대나무 물레방아를 본 적이 있나요? 위가 뚫린 대통 안으로 물이 조금씩 들어와서 무거워지면 대통이 아래쪽으로 기울어지며 물이 흘러나옵니다. 가벼워진 대통은 위쪽으로 올라오는데 그때 돌 등에 부딪쳐서 큰 소리가 납니다. 그 소리에 놀라서 논밭을 망치는 사슴 등의 동물이 도망가요. 지금은 정원 등에 장식품으로 많이 쓰이고 있습니다.

시시오도시와 마찬가지로 '아래쪽으로 액체가 흘러나와서 가벼워지면 원래의 위치로 돌아가는' 원리를 이용하여 '불을 붙이면 움직이는 양초'를 만들 수 있답니다. 하지만 시시오도시와 달리 시간이 얼마나 걸리느냐에 따라 움직이는 속도가 달라져요. 그 이유는 무엇일까요? 불꽃의 크기를 잘 관찰해서 이유를 살펴봅시다.

시시오도시
사진 오른쪽의 대통 안으로 왼쪽 절반에 물이 조금씩 들어온다. 물이 채워지면 왼쪽이 무거워져서 내려가고 물이 흘러나온다. 가벼워진 왼쪽은 위로 올라오는데 그때 오른쪽 끝이 돌에 닿아 소리가 난다.

캔들 시소 만들기

준비물

- 양초 1자루(지름 1.5cm, 길이 18cm 정도)
- 똑같은 유리컵 2개 (양초 길이 절반보다 높이가 있는 것)
- 대나무 꼬치
- 커팅 매트
- 커터 칼
- 송곳
- 뜨거운 물 적당량
- 내열 트레이
- 라이터

순서

⚠️ 칼이나 불을 사용할 때 충분히 주의하세요.

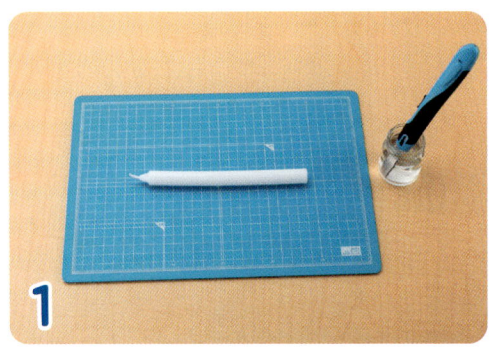

1 커팅 매트를 깔고 그 위에 양초를 올려놓은 후 커터 칼날을 뜨거운 물에 담가서 따뜻하게 한다.

2 따뜻해진 커터 칼로 양초 심지가 남도록 바닥쪽 주위를 조금씩 자른다.

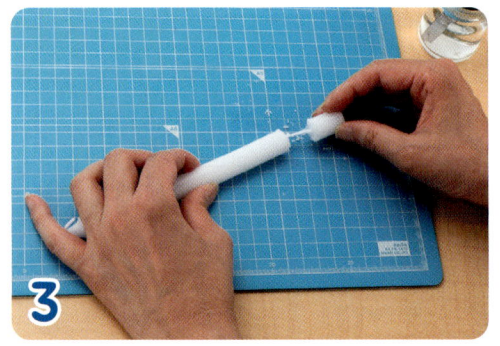

3 바닥쪽에서도 심지가 나오게 한다.

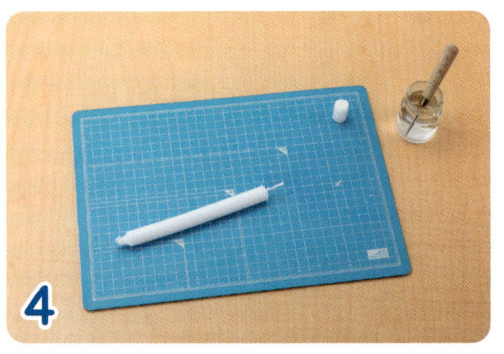

4 송곳을 뜨거운 물에 담가서 따뜻하게 한다.

5 따뜻해진 송곳으로 양초 한가운데에 구멍을 뚫는다.

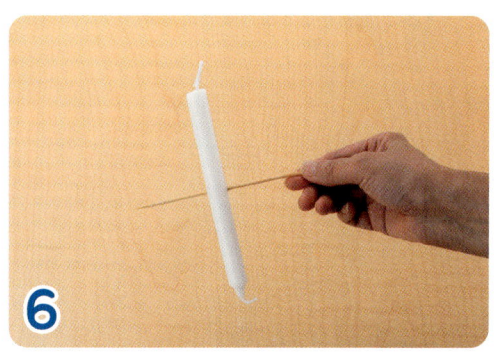

6 5의 구멍에 대나무 꼬치를 끼운다.

7 내열 트레이 위에 유리컵 2개를 5cm 정도 떨어뜨려 놓는다.

8 양초가 두 컵 사이의 한가운데에 오도록 대나무 꼬치를 걸친다.

9 양쪽의 양초 심지에 라이터로 불을 붙인다.

시소처럼 움직이므로 거의 움직이지 않게 되면 불을 살짝 불어서 끈다.

해설 시소가 움직인 이유

불을 붙였더니 양초가 시소처럼 흔들리기 시작했습니다. 잘 관찰해 보세요. 아래쪽으로 내려간 양초에서 촛농이 방울져 떨어지자마자 위쪽으로 올라갑니다. 이를 반복하며 시소처럼 움직이는 거예요.

처음에는 천천히 움직이던 시소가 시간이 지나자 빨리 움직였습니다. 심지를 잘 보면 불을 붙이기 전보다 양초 위로 나온 부분이 길어졌습니다. 심지가 긴만큼 불꽃도 커져서 양초 녹는 속도가 빨라져요. 그래서 빨리 움직인 것이랍니다.

아래쪽으로 처져서 떨어진 촛농과 양초로 남아 있는 부분을 합해도 불을 붙이기 전의 양초 길이보다 양이 부족해요. 사라진 밀랍은 어떻게 된 것일까요?

밀랍이 타면 수증기와 이산화탄소가 발생해요. 양초 불꽃 위에 차가운 스푼을 얹어 보세요. 흐릿해지지요? 이는 밀랍이 타면서 생긴 수증기가 스푼에 닿아서 미세한 물방울이 되었기 때문입니다. 양초에서 나오는 기체를 모아서 석회수에 통과시키면 석회수가 하얗게 변해요. 이는 이산화탄소가 있다는 증거입니다.

고체인 밀랍은 60℃ 정도에서 액체가 됩니다. 고체 상태의 밀랍은 매우 잘 부러져서 커터 칼로 그냥 자르면 금이 가고 말아요. 커터 칼을 뜨거운 물에 담가서 따뜻하게 한 후에 자르면 녹으면서 가공하게 되므로 쉽게 부러지지 않는답니다.

양초의 불꽃 위에 차가운 스푼을 얹으면 흐려진다.

양초의 불꽃 위에 내열성 유리컵을 얹으면 안쪽이 흐려진다.

제 3 장

변화가 재미있어요

아무것도 하지 않았는데 여기저기 돌아다니는 색소물

반나절

손을 씻은 후 수건이나 손수건으로 닦으면 손에 묻어 있던 물이 없어집니다. 물은 사라지는 걸까요? 그럴 리는 없지요. 물은 수건으로 이동한 거예요. 그럼 수건의 어느 부분으로 이동했을까요?

수건은 가는 섬유들이 모인 실로 만들어집니다. 섬유와 섬유 사이에는 작은 틈이 있어요. 물은 그 작은 틈에 흡수된 것이죠. 젖은 손 위에 수건을 올려놓아도 물은 수건에 흡수됩니다. 마치 중력을 거스르는 것 같지 않나요?

수건뿐만 아니라 키친타월이나 티슈 등도 마찬가지로 물을 흡수해요. 물이 작은 틈에 빨려 들어가는 모습을 색소물을 사용해서 확인해 보세요.

물을 빨아들인다고 하면?

최근에 인기 있는 '물을 순식간에 빨아들이는' 물건으로 말하자면 규조토로 만든 발매트(77쪽)가 있습니다. 규조토는 규조 껍질이 쌓여서 화석이 된 퇴적물이에요. 규조는 식물 플랑크톤의 일종으로 전 세계의 바다와 강, 호수에 서식합니다. 대부분의 크기는 0.1mm 이하로 매우 작지만 규산질(유리질)의 아름다운 껍질을 갖고 있어요. 껍질에는 매우 작은 구멍이 잔뜩 뚫려 있는데 그 구멍에 물이 스며들기 때문에 규조토 발매트가 순식간에 뽀송뽀송해진답니다.

돌아다니는 색소물 실험

준비물

 키친타월 1~2장

 식용색소(3색) 각각 소량

 가위

 똑같은 유리용기 6개

스푼

넓적한 그릇 등

순서

 날카로운 물건을 다룰 때 주의하세요.

1 키친타월을 폭 5cm로 자른 뒤 세로로 반을 접고 다시 가로로 반을 접는다. 총 6개를 준비한다.

2 유리 용기 3개에 물을 절반 정도까지 넣고 식용색소를 떨어뜨려 섞어서 3색 색소물을 만든다.

3 사진처럼 넓적한 그릇 안에서 **2**와 빈 유리 용기를 번갈아서 놓고 **1**을 담근다.

4 색소물이 스며들 때까지 그대로 둔다.

해설 색소물이 이동한 이유

색소물이 키친타월에 점점 스며들었습니다. 빈 유리 용기에는 양쪽의 키친타월에서 조금씩 색소물이 들어와 섞입니다. 물은 왜 키친타월에 스며들까요?

물은 물분자의 집합입니다. 물분자는 물분자끼리 잘 모이는 성질(응집성)을 갖고 있어요. 또한 물에는 다른 물질과 달라붙는 성질(흡착성, 부착성)이 있습니다.

차 거름망이나 촘촘한 채반 등의 철망을 물에 넣었다 꺼내보세요. 철망 바닥에 묻은 물은 잘 떨어지지 않습니다. 이는 물분자가 철망에 달라붙고 물분자끼리도 달라붙기 때문에 일어나는 현상이에요.

규조토 발매트

키친타월은 가느다란 섬유가 서로 얽혀서 만들어집니다. 섬유 사이에는 작은 틈이 있는데 물분자가 그 틈을 타고 올라갑니다. 그래서 색소물이 키친타월을 타고 올라간 거예요. 이처럼 액체가 좁은 관 모양의 물질 사이를 타고 올라가는 현상을 **모세관 현상**이라고 합니다. 규조토와 천으로 만든 발매트는 소재에 차이가 있지만 둘 다 모세관 현상으로 물을 흡수합니다.

차 거름망에 묻은 물은 잘 떨어지지 않는다.

반드시 불그스름하다고만 할 수 없어요! 불꽃색을 바꾸는 실험

20분

여름철의 즐거움 중 하나로 형형색색의 불꽃놀이를 들 수 있어요. 일본의 에도시대 때 불꽃놀이는 지금의 막대 폭죽 같은 색뿐이었다고 해요. 하지만 메이지시대 이후 다양한 화학물질을 합성한 현재와 같은 불꽃놀이를 볼 수 있게 되었답니다.

그럼 어떻게 화학물질로 불꽃을 물들일 수 있었을까요? 사실은 우리 주위에서 흔히 볼 수 있는 물건으로 불꽃색을 쉽게 바꿀 수 있어요. 이 실험은 위험하니 절대로 아이 혼자서 하지 않게 주의하세요.

🧪 색으로 물든 불꽃 만들기

준비물

- 티슈 1장

- 소독용 에탄올(1방울씩 떨어지는 용기에 들어 있는 것)

- 붕산 커피 머들러 1/4스푼 분량

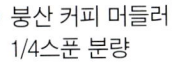
- 소금 커피 머들러 1/4 스푼 분량

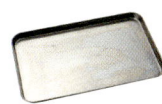
■ 금속 트레이

■ 라이터

■ 젖은 걸레

- 알루미늄 컵(컵케이크용의 두꺼운 것) 3개

순서

 불을 사용할 때 충분히 주의하고 만약에 불꽃이 커지면 젖은 걸레를 덮어서 불을 끄세요.

1 티슈를 1cm×1cm 정도로 찢어서 작게 뭉친다. 3개를 만든다.

2 알루미늄 컵에 1을 각각 1개씩 넣고 금속 트레이 위에 올려놓는다.

3 2의 티슈에 소독용 에탄올을 3방울씩 떨어뜨린다(너무 많이 넣어서 흠뻑 젖으면 위험하므로 다시 만든다).

4 에탄올 뚜껑을 꽉 닫고 화기가 없는 곳에 멀리 떨어뜨려 놓는다.

3의 첫 번째 컵은 그대로 둔다.

두 번째 컵의 티슈 위에 붕산을 뿌린다.

세 번째 티슈 위에 소금을 뿌린다.

세 알루미늄 컵 위의 티슈에 라이터로 불을 붙인다.

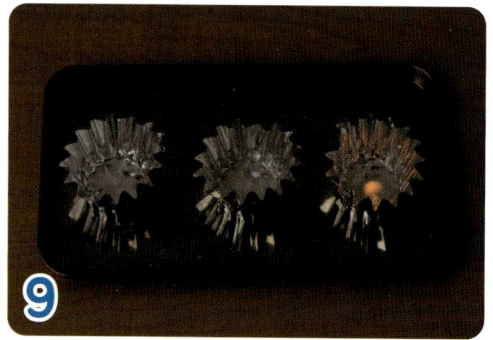

주의해가며 전기를 끄고 불꽃색을 보며 사라질 때까지 기다린다.

조언

에탄올만 들어 있는 컵의 불꽃색은 눈에 잘 보이지 않는다. 불이 꺼졌다고 생각해도 작은 불씨가 붙어 있을 수 있으니 충분히 주의해야 한다.

해설 | 불꽃놀이 외에도 유용한 불꽃 반응

세 불꽃색은 서로 달랐습니다. 아무것도 뿌리지 않은 에탄올 불꽃은 파래서 잘 보이지 않는데 붕산을 뿌린 불꽃은 연두색, 소금을 뿌린 불꽃은 밝은 노란색이 되었습니다.

원소 중에는 불꽃으로 뜨거워졌을 때 가시광선을 방출하는 것이 있어요. 붕산 속의 붕소, 소금 속의 나트륨은 가시광선을 방출하는 원소입니다. 이처럼 뜨거워졌을 때 그 원소 특유의 색이 나타나는 것을 '불꽃 반응'이라고 해요. 된장국 등이 끓어 넘쳤을 때 가스레인지의 불꽃색이 밝은 노란색으로 변하는 이유는 된장국 속의 나트륨 등이 불꽃 반응을 일으키기 때문이에요. 그밖에도 구리는 청록색, 칼륨은 보라색, 스트론튬은 빨간색 등 원소에 따라 불꽃 반응의 색이 다릅니다.

'불꽃색이 노란색이면 나트륨이 들어 있다', '연두색이면 붕소가 들어 있다'고 하듯이 불탈 때 나타나는 색에서 어떤 물질이 섞여 있는지를 판별할 수도 있어요.

물질이 불탈 때는 우리 눈에 보이는 빛뿐만 아니라 보이지 않는 빛도 나타납니다. 그런 빛을 분석해서 어떤 물질이 존재하는지 분석하는 것이 '스펙트럼 분석'이에요. 천문학 분야에서는 별이 어떤 물질로 이루어져 있는지 스펙트럼 분석으로 밝힙니다. 아득히 먼 곳에 있어서 직접 조사할 수 없는 별들이지만 빛을 분석해서 어떤 물질로 이루어져 있는지 알 수 있답니다.

다양한 물질의 불꽃 반응. 앞쪽에서부터 시계방향으로 구리(청록색), 나트륨(노란색), 칼슘(주황색), 바륨(연두색), 칼륨(보라색), 스트론튬(빨간색)

160년 전의 사람도 깜짝 놀랐다? 날아서 이동하는 불꽃

10분

　영국의 위대한 과학자 마이클 패러데이는 1860년에 소년소녀들을 위한 크리스마스 강연으로 양초 이야기를 했습니다. 이를 서적화한 책이 《촛불의 과학》이며 출판 후 세계 각국의 아이들에게 큰 영향을 끼칩니다. 일본에서도 노벨상 수상자인 오스미 요시노리(大隅良典), 요시노 아키라(吉野 彰) 선생님이 이 책을 계기로 과학에 관심을 갖게 되었다고 합니다.

　패러데이는 '양초가 타는 현상에는 이 우주를 지배하는 법칙이 전부 관계되어 있다'고 설명했습니다. 양초는 고체인 밀랍으로 이루어져 있습니다. 불에 타기 시작하면 심지 주변이 액체가 되는 것을 알 수 있어요. 그럼 액체인 밀랍이 불타는 것일까요? 아닙니다. 양초가 불타는 이유는 밀랍이 '기체'가 되었기 때문이에요.

　패러데이는 이 현상을 양초 2자루를 사용해 간단한 실험으로 증명했습니다. 패러데이와 마찬가지로 우리도 실험해 봅시다!

기체인 밀랍에 불 붙이기

준비물

- 굵은 양초
- 금속 트레이
- 라이터
- 촛대 (물기 금지)
- 금속 스푼 (지저분해져도 되는 것)
- 젖은 걸레
- 가는 양초(완전히 손으로 들 수 있는 크기)

순서

 불을 사용할 때 충분히 주의하고 실험이 끝나면 불을 살짝 끄세요.
만약에 불꽃을 떨어뜨리면 젖은 걸레를 덮으세요.

1 금속 트레이 위에 촛대를 올려놓고 굵은 양초를 고정한다. 라이터로 불을 붙인다.

2 가는 양초에도 불을 붙인다.

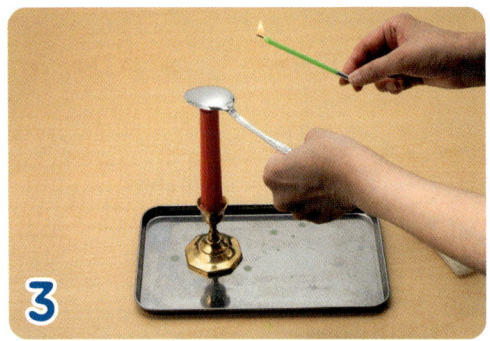

3 가는 양초를 조금 떨어뜨리고 굵은 양초의 불꽃에 금속 스푼을 살짝 덮어서 불을 끈다.

4 즉시 가는 양초를 굵은 양초에서 5cm 정도 윗부분까지 가까이 댄다.

해설 불꽃은 왜 날아서 이동했을까?

가는 양초에서 굵은 양초로 마치 불꽃이 날아서 이동한 것처럼 보입니다. 스마트폰의 슬로모션 기능(15쪽)으로 촬영하면 불꽃이 날아서 이동하는 모습을 잘 알 수 있어요. 하지만 실험과 촬영을 혼자서 다 하는 것은 위험하므로 반드시 분담하세요.

양초는 고체인 밀랍과 실이 합쳐 꼬인 심지로 이루어져 있어요. 밀랍은 심지에서 불타는 불꽃의 열 때문에 액체가 되고 기체가 됩니다. 고체나 액체의 밀랍까지는 불타지 않고 기체가 되어야 비로소 타는 거예요.

바람을 불어서 끈 양초에서는 독특한 냄새가 납니다. 이는 기체가 된 밀랍의 냄새에요. 굵은 양초를 끈 후에도 기체인 밀랍은 공중을 떠돌아다닙니다. 그곳에 가는 양초를 가까이 대면 기체인 밀랍에 불이 붙어서 굵은 양초의 심지에 불꽃이 날아서 이동하는 것처럼 보여요.

양초가 타는 구조

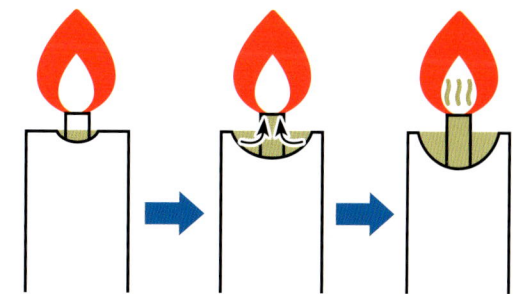

고체인 밀랍이 열로 녹는다.

녹은 밀랍이 모세관 현상(77쪽)으로 심지를 타고 올라간다.

액체인 밀랍이 기체가 되어 탄다.

막 불을 끈 굵은 양초에서 기체인 밀랍이 올라온다.

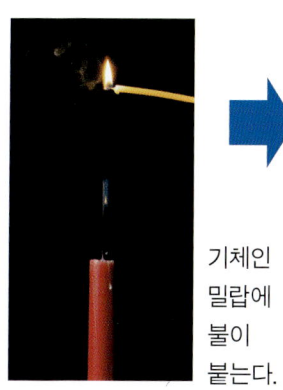

기체인 밀랍에 불이 붙는다.

커다란 양초에 불이 붙는다.

커다란 크레이터(분화구)는 어떻게 생기나요?

20분

보름달을 잘 보면 어두운 부분이 있는 것을 알 수 있어요. 천문학 세계에서는 달의 어두운 부분은 '바다'라고 하며 밝게 보이는 부분은 '육지' 또는 '고지'로 부른다고 합니다.

40억 년쯤 전, 달에 거대한 운석이 여러 번 부딪쳐서 큰 구덩이(크레이터)가 잔뜩 생겼습니다. 그 후 달의 내부에 있던 까만 현무암을 포함하는 마그마가 분출해서 크레이터에 쌓여갔어요. 달의 바다가 까맣게 보이는 이유는 현무암으로 이루어졌기 때문이에요.

우리는 실제로 달에 크레이터가 생기는 모습을 볼 수 없습니다. 하지만 크레이터가 생기는 모습을 대략적으로 재현할 수는 있어요. 밀가루와 코코아, 스마트폰을 사용해서 크레이터와 같은 모양이 생기는 모습을 관찰해 봅시다.

점차 알게 된 달의 모습

일본에서는 달의 모양이 흔히 '떡방아를 찧는 토끼'라고 합니다. 하지만 남아메리카에서는 악어, 아라비아에서는 사자 등 나라와 지역에 따라 '무엇으로 보이는지' 각기 다른 모양이에요.

2007년 다네가시마 우주센터에서 달 탐사선 '가구야'를 쏘아 올렸습니다. 달 상공 100km에 약 600일 동안 머무르며 지구에서는 보이지 않는 달의 뒷면을 관측했어요. 가구야에서 달의 다양한 데이터를 얻어서 미래의 달 기지 건설 후보지 등을 찾았습니다. 달에는 토끼나 가구야공주(일본의 전래동화 〈다케토리모노가타리〉의 등장인물로 빛나는 대나무 속에서 발견한 달에서 온 여인의 이름. -역주)도 없었지만 언젠가 달에 사람이 거주하게 될지도 몰라요.

크레이터 만들기

준비물

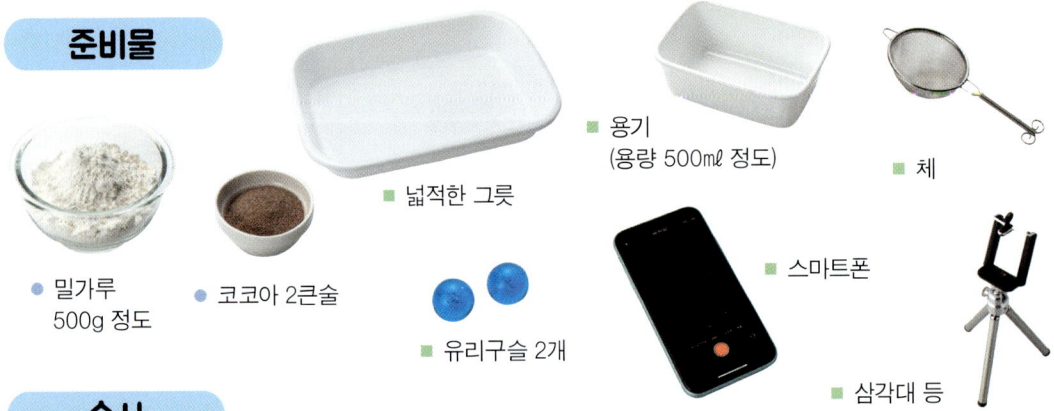

- 밀가루 500g 정도
- 코코아 2큰술
- 넓적한 그릇
- 유리구슬 2개
- 용기 (용량 500㎖ 정도)
- 스마트폰
- 체
- 삼각대 등

순서

1 넓적한 그릇을 깔고 밀가루를 용기 속에 넣는다. 깊이 3cm 정도가 되도록 고르게 편다.

2 1의 밀가루 위에 코코아를 체로 체로 쳐서 뿌려가며 밀가루를 확실히 덮는다

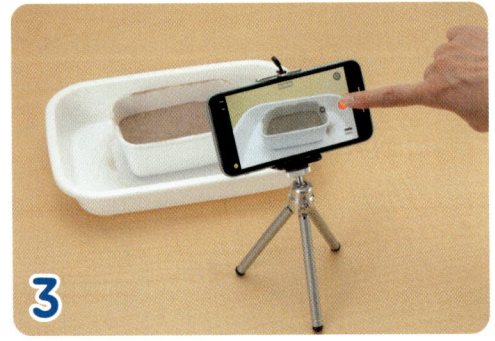

3 2의 용기 속을 찍을 수 있게 스마트폰을 삼각대 등으로 고정해서 슬로모션 기능으로 촬영하기 시작한다.

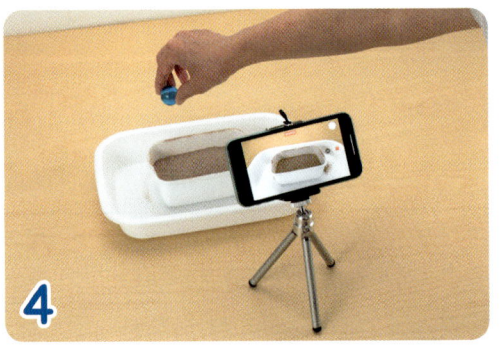

4 유리구슬 1개를 높이 10cm 정도 위에서 2에 떨어뜨린 다음 높이 50cm 정도에서 떨어뜨린다.

해설 그런 무늬가 남은 이유

유리구슬이 부딪치자 밑에 있던 밀가루가 코코아 위로 흩날렸습니다. 밀가루가 흩날려서 나타나는 무늬는 달 표면의 크레이터 주변과 비슷해요.

크레이터는 달 표면에 운석 등이 부딪쳐서 생기는데 운석이 부딪칠 때의 속도는 시속 10만km 이상에 달합니다. 이런 속도로 부딪치면 그 충격으로 높은 열과 충격파가 발생해요. 그래서 부딪친 운석보다 더 큰 구성이 생기고 주위에 암석 조각이 날아다닙니다. 41~38억 년 전 달과 지구에서는 수많은 천체 충돌이 일어난 듯해요. 지구에도 크레이터가 있었지만 비바람을 맞거나 강과 바다의 흐름으로 깎여서 그 흔적이 거의 남아 있지 않습니다. 달에는 바람이나 물의 흐름이 없기 때문에 수십억 년 전의 충돌로 생긴 크레이터가 그대로 남아 있어요.

이번 실험에서는 높이를 바꿔서 충돌할 때의 속도를 변경했습니다. 차이가 있었을까요? 유리구슬의 크기를 바꾸거나 똑같은 크기의 슈퍼볼을 사용해서 비교해도 재미있을 거예요.

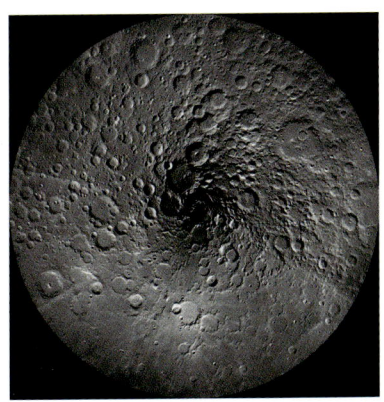

달의 북극 쪽. 많은 크레이터가 보인다.

사진 : NASA/GSFC/Arizona State University

사진의 오른쪽은 달 표면의 크레이터로는 새로운 것. 생긴 지 5억 년도 지나지 않아서 암석 조각이 흩날린 모습을 확인할 수 있다.

사진 : NASA/Lunar Reconnaissance Orbiter Camera

껍데기는 어디로 갔을까? 달걀이 흡수한 물질

2일

　삶은 달걀의 껍데기를 벗기면 단단한 껍데기 밑에 얇은 껍질이 있는 것을 알 수 있어요. 이는 '난각막'이라고 해서 난백(달걀 흰자)과 난황(달걀 노른자) 감싸는 막입니다. 이 난각막에는 '반투성'이라는 성질이 있어요. 덧붙이자면 우리 몸속의 세포도 다 반투성을 가진 세포막으로 감싸여 있답니다.
　반투성이란 무엇일까요? 이 성질은 신기한 '말랑말랑 달걀'을 만들어 보면 잘 알 수 있습니다. 이 사진처럼 달걀로 만들어도 좋고 시간을 단축하고 싶다면 메추리알을 사용해도 좋아요.

말랑말랑 달걀 만들기

준비물

● 달걀

● 식초

■ 유리용기
(달걀이 들어가는 크기)

순서

1 달걀을 유리 용기에 살짝 넣는다.

2 달걀이 잠기는 정도까지 식초를 붓는다.

3 하루를 그대로 둔다.

4 용기에 들어 있던 식초를 버리고 새로운 식초를 붓는다. 다시 하루 정도 그대로 둔다.

해설 껍질이 사라지고 크기가 달라진 이유

달걀을 식초에 넣었더니 부글부글 기체가 발생했습니다. 이는 껍질에 포함된 탄산칼슘과 식초가 반응해서 이산화탄소가 생겼기 때문이에요. 그와 동시에 탄산칼슘은 아세트산칼슘이 됩니다. 탄산칼슘은 물에 녹지 않지만 아세트산칼슘은 물에 녹아요. 그래서 식초의 수분에 녹아서 단단한 껍데기가 사라진 거예요.

달걀의 단단한 껍데기 바로 밑에는 '난각막'이라는 얇은 껍질이 있어요. 껍데기는 식초로 녹지만 난각막은 녹지 않아요. 난각막으로 난백과 난황이 감싸인 상태의 달걀이 '말랑말랑 달걀'입니다.

말랑말랑 달걀은 껍데기가 있었을 때보다 더 커집니다. 말랑말랑 달걀 속에 주위의 수분이 스며들었기 때문이에요. 말랑말랑 달걀을 진한 식염수나 벌꿀 등에 담가 보세요. 그러면 달걀 속에서 수분이 빠져나와 말랑말랑 달걀이 작아집니다. 작아진 말랑말랑 달걀을 물에 담그면 다시 커질 거예요. 왜 이런 일이 일어날까요?

물분자는 난각막 안쪽과 바깥쪽의 농도가 똑같아지도록 움직입니다. 그래서 말랑말랑 달걀의 바깥쪽에 있는 액체의 농도가 안쪽보다 높으면 물분자는 안쪽에서 바깥쪽으로 이동해요. 이와 반대로 말랑말랑 달걀의 바깥쪽에 있는 액체의 농도가 안쪽보다 낮으면 물분자는 바깥쪽에서 안쪽으로 이동합니다. 이러한 막의 성질을 **반투성**이라고 해요.

달걀의 구조와 식초의 관계

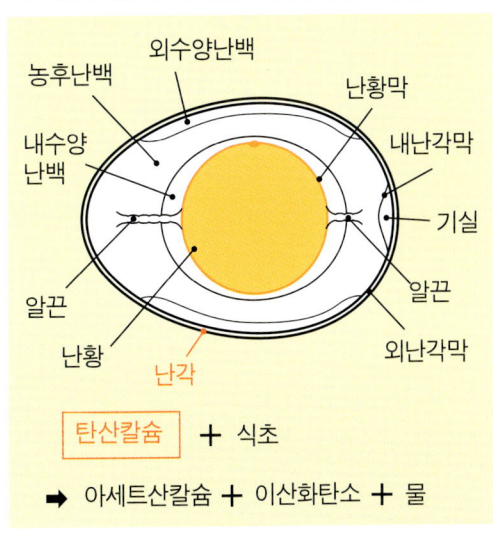

탄산칼슘 + 식초
→ 아세트산칼슘 + 이산화탄소 + 물

식초에 담근 달걀에서 이산화탄소 기포가 나온다.

그 안에 반드시 있어야 하는데 안 보이는 비즈

10분

빛은 어디까지나 일직선으로 나아가지만 뭔가에 부딪치면 그곳에서 굴절되거나 흡수되거나 반사됩니다. 또 우리는 빛의 반사로 사물을 봅니다.

물이 들어 있는 유리컵을 생각해 보세요. 둘 다 투명한데도 우리는 컵이 있는 것과 그 속에 물이 있는 사실을 알잖아요? 공기 중을 지나온 빛은 컵에 닿아서 일부가 반사됩니다. 그래서 우리는 그곳에 컵이 있는 것을 알 수 있어요. 빛은 유리 속에 들어갈 때와 유리를 지나 물에 들어갈 때도 조금만 굴절됩니다. 이 두 굴절 방법이 다르므로 우리는 컵에 물이 들어 있는 것을 알 수 있어요.

이렇게 빛이 굴절되는 성질을 이용해서 '있는 물건을 없는 것처럼' 보여줄 수 있습니다. 물에 뜰 리 없는 유리구슬을 띄워 봅시다!

빛이 나아가는 속도

빛은 나아가는 방향에 아무것도 없으면 멀리까지 똑바로 나아갑니다. 빛이 1년 동안 나아가는 거리를 '1광년'이라고 하는데 그 거리는 무려 9.5조km에요! 밤하늘에 밝게 빛나는 1등성 시리우스는 지구로부터 8.6광년, 즉 81.7조km나 떨어져 있어요. 별빛은 그렇게나 먼 곳에서 지구에 닿는답니다.

공중에 뜨는 유리구슬 오브제 만들기

준비물

- 투명한 흡수 비즈
  (원예용 고분자 흡수볼, 탈취 비즈 등 알갱이가 큰 고흡수성 폴리머)

- 투명한 용기
- 유리구슬

순서

1

투명한 용기에 투명한 흡수 비즈를 반 정도 넣는다.

2

그 위에 유리구슬을 넣는다.

3

유리구슬이 잠길 정도까지 물을 넣는다.

해설 흡수 비즈는 왜 보이지 않게 될까?

흡수 비즈는 폴리아크릴산나트륨과 물로 만들어집니다. 폴리아크릴산나트륨은 긴 분자가 그물 모양으로 서로 얽힌 구조를 하고 있습니다. 폴리아크릴산나트륨은 매우 가늘어서 우리 눈에는 보이지 않아요.

빛은 똑같은 물질 속을 나아갈 때는 똑바로 나아가지만 다른 물질에 부딪치면 굴절됩니다. 물속을 통과한 빛은 흡수 비즈에 닿아도 물과 거의 다름없기 때문에 똑바로 나아갑니다. 그래서 우리는 물속에 있는 흡수 비즈를 보기 어려운 거예요.

유리구슬은 유리로 이루어져 있습니다. 물과 유리는 다른 물질이므로 물속을 통과한 빛은 유리구슬 속에 들어갈 때 굴절됩니다. 그래서 물속에 있는 유리구슬은 보여요.

'물속에서는 흡수 비즈가 보이지 않지만 유리구슬은 보이기' 때문에 흡수 비즈 위에 올려놓은 유리구슬이 마치 물속에 떠 있는 것처럼 보인답니다.

흡수 비즈와 유리구슬이 보이는 방법

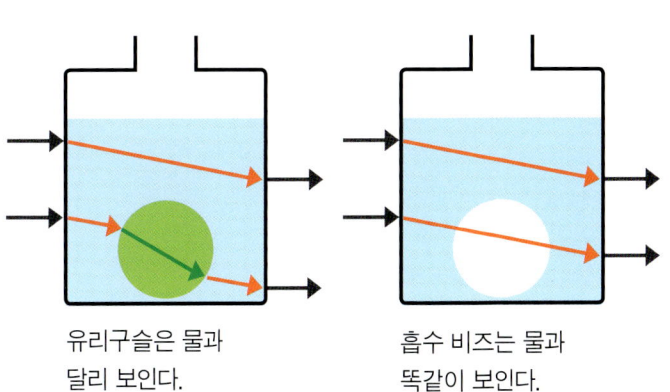

유리구슬은 물과 달리 보인다.

흡수 비즈는 물과 똑같이 보인다.

이 실험에서는 투명한 흡수 비즈와 유리구슬을 번갈아가며 넣거나 색이 있는 흡수 비즈(물에 담그면 흐릿하게 색만 보인다)를 사용해도 좋다.

흑백 팽이인데 회전시키면 왜 색이 나타나나요?

20분

종이에 가로선 한 줄을 그린 뒤 사이를 두고 그 밑에 똑같은 길이의 가로선을 하나 더 그려 보세요. 첫 번째에는 안쪽으로 향한 화살을 그리고 두 번째에는 바깥쪽으로 향한 화살을 그려 봅니다.

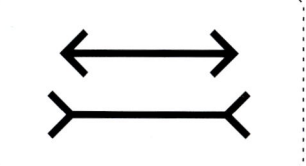

바깥쪽으로 향한 화살을 그린 쪽의 가로선이 길어 보이지 않나요? 정말로 똑같은 길이인지 종이를 90도로 회전시켜서 선을 세로로 해서 살펴보세요. 가로선만 보면 확실히 똑같은 길이인데도 역시 다른 길이로 보입니다.

이는 우리가 '눈으로 본 것을 뇌로 처리해서' 일어나는 **착각**입니다. 마스카라를 바르거나 인조 속눈썹 등을 붙이면 눈이 커 보이잖아요. 이 또한 '밖을 향해 벌어진 것' 사이에 두기 때문이에요. 크기뿐만 아니라 없어야 할 색이 보이는 '착각'도 있습니다. '분명히 없다'고 알고 있어도 '보이는 색'을 살펴봅시다.

🧪 벤햄의 팽이 만들기

준비물

- 두꺼운 종이
- 이쑤시개
- 컴퍼스
- 자
- 펜
- 가위
- 송곳

순서

날카로운 물건을 사용할 때 주의하세요.
하단 그림을 확대 복사해서 잘라낸 뒤 두꺼운 종이에 붙여서 사용하는 방법도 있습니다.

1

컴퍼스를 사용해서 두꺼운 종이에 반지름 4cm인 원을 그리고 그 상태에서 안쪽에 3cm, 2cm, 1cm의 원을 그린다.

2

하단 그림과 같이 일부를 칠해서 무늬를 그린다.

3

바깥쪽 원을 따라 잘라낸다.

4

송곳을 사용해서 중심에 구멍을 뚫고 이쑤시개를 꽂는다. 팽이처럼 돌린다.

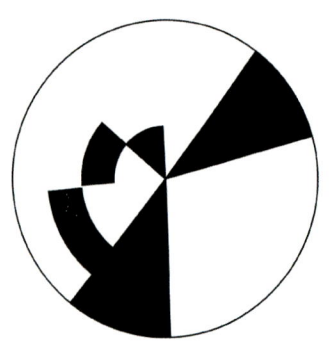 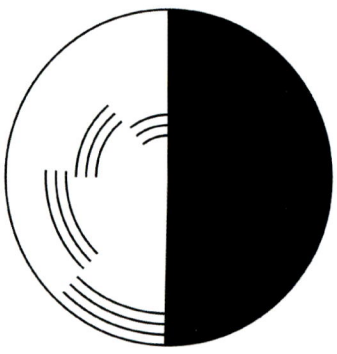 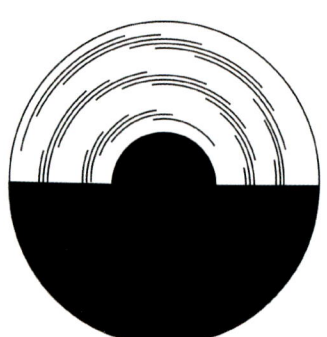

해설 없어야 할 색이 보이는 현상

분명히 흑백인데 회전시켰더니 색이 보였습니다. 팽이가 빨리 돌 때와 느리게 돌 때는 색도 달리 보이는 모양이에요. 이는 **벤햄의 팽이**라고 합니다. 독일의 물리학자이자 심리학자인 페히너가 '흑백무늬 원반을 돌리면 색이 보인다'는 주장을 발표하고 영국의 장난감 장인인 벤햄이라는 사람이 팽이로 만들어 팔아서 유행했다고 해요.

그런데 왜 색이 보일까요? 그 이유는 아직 충분히 알려지지 않았다고 하지만 눈의 착각 때문이라고 판단합니다. 우리는 망막에 있는 시세포로 색을 인식합니다. 시세포가 빛을 받아들여서 뇌에 전달하는데 팽이가 빠른 속도로 돌 때는 색을 느끼는 세포의 반응에 차이가 생겨서 '색이 있다'고 느끼는 듯해요.

'없어야 할 색이 보이는' 실험을 또 하나 해 볼까요? 오른쪽 그림 위쪽에 있는 빨간 나비의 까만 몸통 부분을 15초 정도 가만히 바라본 후 아래쪽의 몸통만 있는 부분을 보세요. 녹색을 띤 날개가 보이지 않나요? 이번에는 파란 나비의 몸통 부분을 가만히 바라본 후 아래쪽의 몸통만 있는 부분을 보세요. 오렌지색을 띤 날개가 보이지 않나요?

없어야 하는데 보이는 색은 바라본 색과 반대되는 색(보색)이에요. 이 착각의 이유는 시세포의 기능 때문이라는 사실이 밝혀졌습니다. 똑같은 색을 계속 바라보면 그 색에 반응하는 시세포가 피로를 느껴서 그때까지 쓰이지 않은 시세포가 작용해 반대되는 색이 보이게 됩니다.

빨간색이나 파란색 이외의 나비라면 어떤 색이 보일까요? 직접 그려서 꼭 한 번 시험해 보세요.

왜 물이 들었을까요? 알록달록 배추

1일

봄이 되면 곳곳에서 노란 꽃을 활짝 피우는 유채꽃은 십자화과의 식물입니다. 그밖에는 예를 들면 배추, 순무, 양배추, 브로콜리가 있습니다. 이 4종을 비교하면 우리가 먹는 채소로서의 모양은 각각 다르지만 꽃이 다 노랗고 작은 네 장의 꽃잎을 갖고 있어서 유채꽃과 닮았어요.

식물은 뿌리로 물을 빨아올립니다. 물은 줄기를 통해 꽃과 잎으로 갑니다. 물에는 색이 없기 때문에 어디를 지나가는지 보기 어렵지만 색소 물을 사용하면 물이 지나는 길을 알 수 있어요. 형형색색의 배추를 만들어서 확인해 볼까요?

배추의 출신지

일본의 십자화과 채소 중에서 배추의 생산량은 무, 양배추 다음으로 많습니다. 겨울철 전골 요리 재료로 자주 쓰이는 배추는 지중해 연안에서 자라던 잡초성 유채가 기원입니다. 2천 년 전 중앙아시아를 거쳐 중국에 전파된 후 19세기 후반~20세기 초에 일본에 건너왔다고 합니다. 똑같은 십자화과의 순무가 고대부터 먹어온 것과 비교하면 의외로 새로운 식재료랍니다.

참고로 배추의 흰 부분에는 벌레 먹거나 곰팡이가 핀 것도 아닌 까만 점들을 볼 수 있어요. 그 정체는 코코아나 차에 함유되어 있는 것으로도 친숙한 폴리페놀입니다. 다시 말하자면 먹어도 괜찮아요.

알록달록 배추 만들기

준비물

- 식용색소 극소량
- 배추
- 용기 (용량 200㎖ 정도)
- 스푼
- 부엌칼
- 도마

순서

 칼을 사용할 때 주의하세요.

1 식용색소를 용기에 넣고 물 100㎖ 정도를 더해서 섞는다.

2 배추 밑동 쪽을 조금 잘라놓고 **1**에 들어가는 폭으로 자른다.

3 **2**의 밑동 쪽을 밑으로 해서 **1**에 넣고 반나절~하루를 둔다.

변형 다른 색의 식용색소가 있으면 다른 색도 똑같이 만들어보면 좋다.

해설 　배추의 어느 부분이 달라졌을까?

배추의 잎사귀 부분이 물들었습니다. 흰 줄기 방향과 수직으로 잘라 보세요. 한 가운데에 물든 부분이 있지요? 여기를 물이 통과하는 거예요. 이 물이 지나는 길을 '물관'이라고 합니다.

세계에서 가장 높은 나무는 110미터 정도나 된다고 하는데 그 나무도 뿌리에서 맨 꼭대기의 잎까지 물관이 연결되어 있어요. 이번 실험에서도 물관이 잎사귀 끝까지 쭉 이어져 있는 사실을 알 수 있답니다.

식물은 태양광을 사용하여 물과 이산화탄소에서 포도당을 만들어냅니다(광합성). 포도당 상태에서는 저장하기 어렵기 때문에 수많은 포도당을 연결해 전분으로 만들어 일단 잎에 저장해요. 그 후 자당으로 바꿔서 '체관'을 지나 꽃과 뿌리 등 여기저기로 운반합니다. 그리고 다시 전분으로 저장합니다. 체관에는 말 그대로 관 속에 체와 같은 구멍이 뚫린 막이 잔뜩 있어요.

이 실험은 사용하는 식용색소의 종류에 따라 물드는 정도에 차이가 있어요. 물이 잘 들지 않을 때는 색소를 바꿔 보세요. 배추뿐만 아니라 샐러리, 아스파라거스, 흰 장미 등으로도 할 수 있습니다. 신선함도 물의 흡수에 영향을 주므로 최대한 갓 수확한 채소나 꽃을 사용하세요.

광합성과 물관, 체관

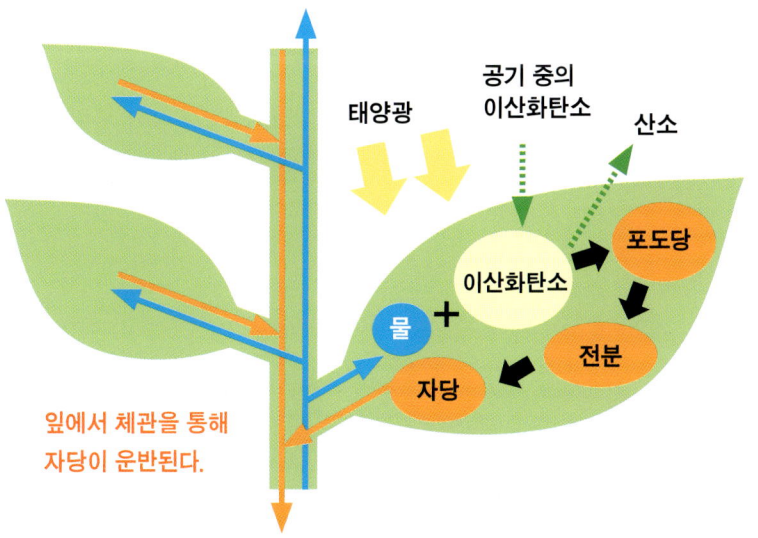

순식간에 색이 변했어요!
갈색에서 청보라색, 무색으로

20분

갈색 요오드용액을 감자에 떨어뜨리면 청보라색으로 변하는 '요오드 전분 반응'은 단순한 실험이지만 순식간에 색이 달라지므로 마치 마술 같답니다. '청보라색'으로 바꿀 뿐만 아니라 '투명'하게 할 수도 있어요.

요오드가 함유된 구강 청결제나 소독약을 요오드용액으로 사용해서 이 실험은 쉽게 할 수 있어요. 복사용지나 신문지에 요오드용액을 떨어뜨려 보세요. 전분이 포함되어 있어서 청보라색으로 변합니다. 그밖에 어떤 물건에 전분이 들어 있는지 다양하게 시험해 보는 것도 좋아요.

색의 변화는 순식간이니 놓치지 않게 주의하세요.

구강 청결제의 색 바꾸기

준비물

- 녹말가루 1작은술
- 요오드계열 구강 청결제 2㎖
- 비타민C가 들어 있는 드링크
- 냄비
- 작은 유리컵 2개
- 유리컵
- 스포이트
- 요리용 긴 젓가락

순서

⚠ 불을 사용할 때 충분히 주의하세요.

1 냄비에 물 100㎖와 녹말가루를 넣고 섞는다. 약불에서 녹이고 불을 꺼서 식힌다(녹말 용액).

2 유리컵에 구강 청결제를 붓고 물 100㎖를 더한다(요오드용액).

3 작은 유리컵 1개에 **1**의 녹말 용액을 나눠 담고 **2**의 요오드용액을 스포이트로 몇 방울 떨어뜨린다.

4 나머지 작은 유리컵에 **2**의 요오드용액을 나눠 담고 비타민C가 들어 있는 드링크를 스포이트로 몇 방울 떨어뜨린다.

해설 요오드와 전분, 비타민C의 반응

녹말가루는 감자 전분으로 만들어집니다. 전분은 포도당이 나선형으로 연결된 것입니다. 나선의 고리 속에 요오드(I_2)가 들어가면 I_2가 줄줄이 일렬로 늘어서서 청보라색으로 보여요. 이것이 요오드 전분 반응이에요.

요오드용액에 비타민C가 들어간 음료를 더했더니 순식간에 무색이 되었습니다. 이는 요오드가 비타민C와 반응해서 요오드화물(아이오딘화물) 이온으로 변했기 때문이에요. 요오드는 물속에서 갈색이지만 요오드화물 이온(I^-)이 되면 무색으로 변해요. 요오드 전분 반응에서 청보라색으로 변한 전분 용액도 비타민C가 들어간 음료를 더하면 무색이 된답니다.

비타민C가 있으면 요오드용액은 투명해지기 때문에 어떤 것에 비타민C가 들어 있는지 조사해 봐도 좋아요. 예를 들어 페트병에 든 차에 요오드용액을 떨어뜨리면 어떻게 될까요?

비타민C는 생각지 못한 것에 함유되어 있다는 사실을 알 수 있고 요오드용액을 얼마나 넣어야 투명해지는지 비교해서 비타민C 함유량을 비교할 수도 있어요.

요오드 전분 반응

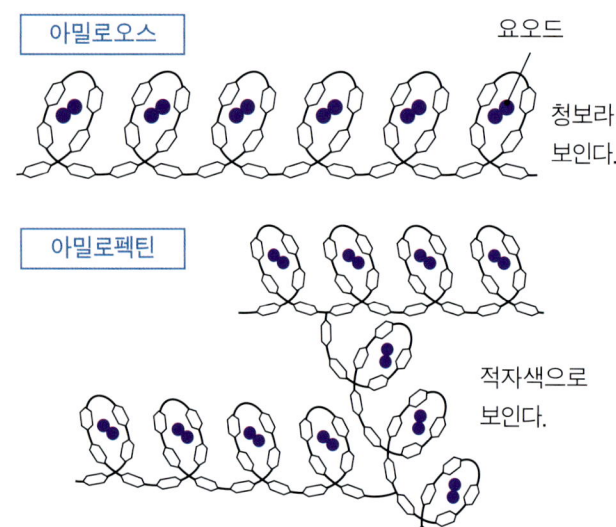

아밀로오스

요오드

청보라색으로 보인다.

아밀로펙틴

적자색으로 보인다.

녹말가루에 포함된 전분에는 아밀로오스와 아밀로펙틴이 있다. 아밀로펙틴이 요오드와 반응했을 때의 적자색은 연해서 전체적으로 청보라색으로 보인다.

페트병에 든 차에도 비타민C가 함유되어 있다.

제 4 장

요리는 과학

1분 만에 얼어요! 부드러운 아이스크림

20분

우유에 설탕이나 바닐라에센스 등을 넣고 냉동고에서 차갑게 굳히면 아이스크림이 만들어집니다. 잼을 넣는 등 자신이 좋아하는 맛으로 만들 수 있어서 여름철 디저트 만들기로 인기가 있어요. 하지만 냉동고를 사용해서 만들 경우 차갑게 만드는 데 3시간이 넘게 걸리고 딱딱해지기 전에 뒤섞어야 부드러워져요. 조금 귀찮답니다.

'아이스 머신'을 만들면 냉동고로 차갑게 하는 것보다 훨씬 더 부드러운 아이스크림이 짧은 시간 안에 완성됩니다. 필요한 것은 얼음과 소금, 그리고 티셔츠뿐이에요! 하지만 어떻게 만들까요?

일본 최초의 아이스크림

1869년 일본 요코하마에서 얼음과 소금을 사용해 일본 최초로 아이스크림이 만들어졌습니다. 작은 그릇에 조금 담긴 아이스크림의 가격은 당시 통화로 20원, 현재로 말하자면 약 8만 원이었어요!!
일본에서 처음으로 전등불이 켜진 것은 1882년입니다. 그 후 전기는 순식간에 보급되어 1920년에 전기를 사용해 공업적으로 아이스크림이 만들어졌다고 해요.

부드러운 아이스크림 만들기

준비물

 우유 200㎖

 설탕 20g

 얼음(잘게 부순 것) 2컵 정도

 믹싱볼

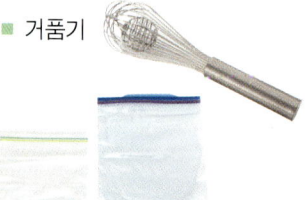 거품기, 비닐 지퍼팩 (큰 것과 작은 것 각각 1장)

 바닐라에센스 2~3방울

 소금 100g

 티셔츠(성인용)

순서

 이 실험의 마지막은 두 사람이 함께 합니다.

1 믹싱볼에 우유, 설탕, 바닐라에센스를 넣는다.

2 설탕이 녹을 때까지 잘 섞는다.

3 2를 비닐 지퍼팩(작은 것)에 넣는다.

4 공기가 들어가지 않게 입구를 닫는다.

5 비닐 지퍼팩(큰 것)에 얼음과 소금을 넣는다.

6 소금이 전체에 골고루 퍼지게 잘 섞는다.

7 6 안에 4를 넣는다.

8 공기가 들어가지 않게 입구를 닫는다.

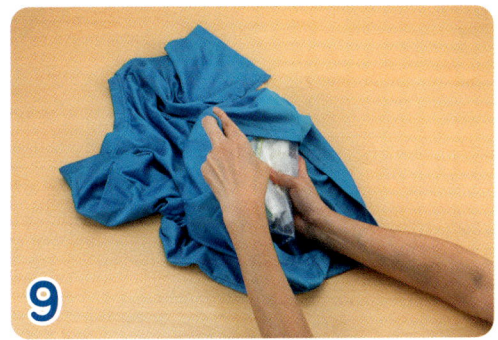

9 티셔츠 안에 8을 넣는다.

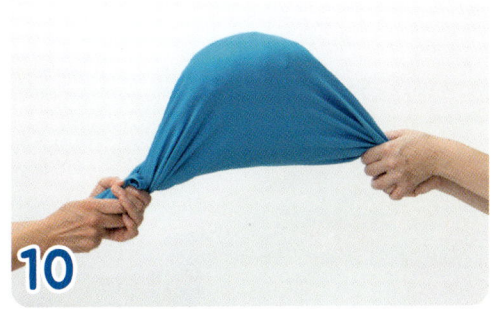

10 옷단, 소매나 옷깃 부분을 꽉 잡고 1분 동안 빙글빙글 돌린다. 내용물을 꺼낸다.

해설 빨리 얼어야 부드러워진다

얼음은 녹을 때 주위의 온도를 빼앗습니다. 얼음 위에 손을 대면 공기가 차가워진 것을 알 수 있어요. 그럼 '얼음'과 '얼음+소금' 중 어느 쪽이 빨리 녹을까요? 실험해보면 즉시 알 수 있는데 '얼음+소금' 쪽이 빨리 녹아요. 그리고 '얼음+소금'에서는 온도가 -15℃ 정도까지 내려갑니다. 그렇게 온도가 낮은데도 왜 얼지 않고 녹는 걸까요? 알쏭달쏭하네요.

얼음이 녹아서 물이 된 부분에 소금이 녹습니다. 그러면 0℃보다 낮아도 얼지 않아요. 물만 있으면 물분자끼리 달라붙어서 고체인 얼음이 되지만 소금이 녹으면 물분자끼리 달라붙는 것을 방해해서 얼지 않아요. 그대로 남아 있던 얼음이 녹아 주위에서 열을 빼앗고 소금도 물에 계속 녹아서 온도가 점점 내려갑니다.

냉동고의 온도는 -18℃ 정도에요. 하지만 냉동고에 아이스크림 재료를 넣어도 1분만에 얼지는 않습니다. '얼음+소금'의 온도는 -15℃ 정도인데 왜 1분 만에 얼었을까요?

냉동고는 '차가운 기체'로 물체를 차게 합니다. '얼음+소금'은 '액체'로 물체를 차게 합니다. 온도에 별 차이가 없어도 기체와 액체에서는 열전도에 큰 차이가 있어요. 액체가 뜨거운 것에서 차가운 것으로 빨리 열이 전달됩니다.

물은 천천히 얼면 결정이 커지고 빨리 얼면 결정이 작아집니다. 냉동고로 만드는 아이스크림보다 '얼음+소금'으로 만든 아이스크림이 부드러운 이유는 얼음 결정이 작기 때문이에요.

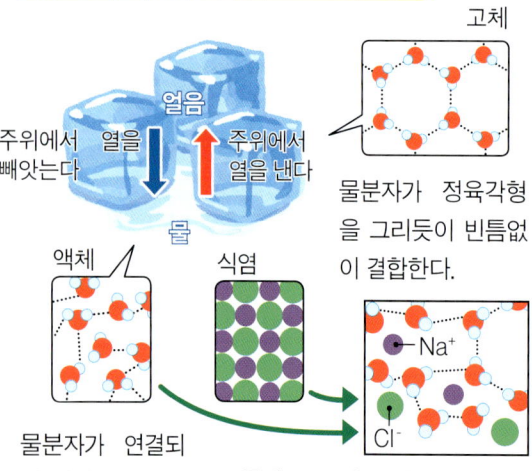

물과 얼음, 소금물의 구조

응용 | 캔주스나 캔맥주 얼리기

 5분

캔주스나 캔맥주를 빨리 차갑게 하고 싶을 때에도 '액체의 높은 열전도성'을 이용할 수 있어요.

아래에서 소개하는 방법에서는 빙글빙글 돌리기가 중요합니다. 돌리지 않고 얼음과 소금 위에 그냥 방치하면 얼기 쉬운 '수분'만 얼어 버려요. 그 결과 주스나 맥주에 들어 있는 다양한 성분이 농축되어 굳습니다. 한 번 굳어버리면 녹아도 원래대로 돌아오지 않아요. 맛의 균형이 무너져서 맛없어진답니다.

준비물

- 얼음(잘게 부순 것) 적당량
- 소금 적당량
- 캔주스(또는 캔맥주)
- 넓적한 그릇

얼음이 소금으로 뒤덮이도록 듬뿍 뿌린다.

순서

1 넓적한 그릇에 얼음을 빈틈없이 깔듯이 넣고 전면이 덮이게 소금을 듬뿍 뿌린다.

2 그 위에 캔주스를 놓고 굴리듯이 빙글빙글 1분 정도 돌린다.

확실히 빙글빙글 돌리면 맛은 그대로 유지되고 급속으로 얼릴 수 있다.

입안이 시원!
구슬 사이다를 만들어요

1일

식물은 태양광을 사용해 광합성을 해서 포도당을 만듭니다. 포도에 많이 함유되어 있는 점에서 포도당(grape sugar)라는 이름이 붙은 모양이에요.

우리는 이를테면 쌀이나 감자에 함유된 전분을 체내에 받아들인 후 조각 조각 분해해서 포도당으로 만들어 에너지원으로 삼습니다. 포도당을 그대로 먹으면 분해하는 시간이 필요 없어서 즉시 에너지원으로 사용할 수 있어요. 그래서 '피곤할 때는 포도당이 효과적'이라는 말을 합니다.

그런 이유도 있어서 시중에서 판매하는 구슬 사이다에는 포도당을 원료로 하는 제품이 흔합니다. 포도당을 구슬 사이다의 원료로 하면 좋은 점은 또 하나 있습니다. 그것은 무엇일까요?

마시는 구슬 사이다

일본에서는 구슬이 들어 있는 유리병 탄산음료를 라무네라고 해요. 이 어원은 영어 '레모네이드(lemonade)'입니다. 메이지시대에 영국에서 일본으로 라무네의 제조법이 전해졌어요.

과자 라무네는 음료 라무네와 마찬가지로 조금 새콤하고 상쾌한 느낌이 듭니다. 새콤한 이유는 구연산이 들어 있기 때문이에요. 레모네이드의 레몬에도 구연산이 많이 들어 있습니다. 레모네이드와 라무네는 역시 연관이 있네요.

🧪 본격적인 구슬 사이다 만들기

준비물

- 포도당 25g

- 식용색소 (분말) 극소량

- 구연산(식용) 커피 머들러 1스푼

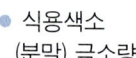
■ 스푼

- 탄산수소나트륨 (식용) 커피 머들러 1스푼

■ 틀(1㎖ 정도의 계량스푼 등)

■ 믹싱볼 (스테인리스나 유리)

■ 스프레이 용기

■ 접시 등

순서

 구연산이 손에 묻지 않게 주의하세요.

1 믹싱볼에 포도당, 구연산, 식용색소를 넣고 잘 휘저어 섞는다(아직 색이 안 보여도 괜찮다).

2 스프레이 용기에 물을 넣고 **1**에 조금씩 뿌려서 섞는다. 눌러서 굳어질 것 같으면 물을 그만 뿌린다(너무 많이 뿌리지 않는다).

3 **2**에 탄산수소나트륨을 넣고 섞는다. 틀에 넣어서 단단히 굳힌다.

4 실내에서 하루 동안 그대로 놓고 건조시킨다.

해설 구슬 사이다를 마시면 시원한 이유

포도당으로 만든 구슬 사이다를 마시면 입안이 시원합니다. 포도당에는 물에 녹을 때 주위에서 열을 빼앗는 성질(흡열성)이 있어요. 포도당을 입안에 넣으면 침에 녹습니다. 그때 입안의 열이 빼앗겨요.

차갑게 느껴지는 원인은 또 있습니다. 구연산과 탄산수소나트륨이 함께 물에 녹아서 화학반응을 일으키면 이산화탄소와 구연산나트륨이 됩니다. 이때 주위에서 열을 빼앗아요(흡열반응). 포도당으로 만들어진 구슬 사이다를 마시면 시원한 이유는 포도당이 가진 흡열성과 구연산과 탄산수소나트륨이 반응하는 흡열반응이 합쳐졌기 때문이랍니다.

그런데 집에서 구슬 사이다를 만들 때는 포도당보다 주위에서 쉽게 볼 수 있는 가루설탕을 자주 사용합니다. 118쪽의 포도당을 똑같은 분량의 가루설탕으로 바꿔서 구슬 사이다를 만들어 맛을 비교하면 어떻게 될까요?

포도당을 사용한 구슬 사이다만큼은 아니지만 가루설탕을 사용한 쪽도 조금 시원한 느낌이 듭니다. 또 포도당을 사용한 구슬 사이다보다 달게 느껴질 수 있어요. 가루설탕은 그래뉴당을 고운 분말로 만든 것이며 '자당'을 주성분으로 합니다. 자당은 포도당과 강한 단맛을 가진 '과당'으로 이루어져 있어요. 자당의 단맛(감미도)을 1로 하면 포도당은 0.6~0.7, 과당은 1.2~1.5라고 합니다.

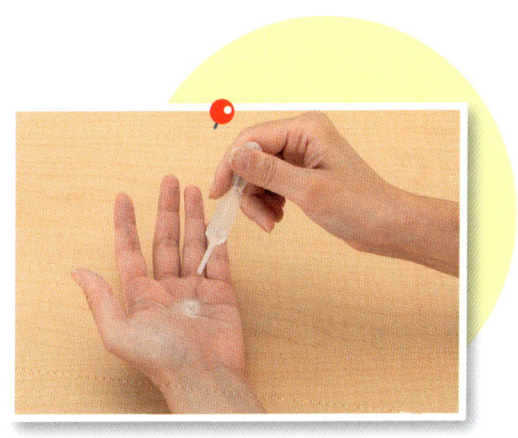

탄산수소나트륨과 구연산을 손바닥에 아주 조금 올려놓고 물을 떨어뜨려 보면 의외로 차갑게 느껴진다. 이는 손바닥의 열을 빼앗겼기 때문이다. 또 시험할 때는 소량을 사용하고 얼굴을 가까이 대지 말며 다 끝나면 손을 잘 씻는다. 구연산 물은 강한 산성이므로 눈에 들어가면 위험하다.

자신이 좋아하는 색과 모양으로! 먹을 수 있는 보석

3일

투명한 느낌이 드는 디저트로 인기 있는 호박당(보석 젤리)은 한천과 설탕을 섞어서 만들며 일본에서는 17세기부터 널리 알려졌다고 합니다. 한천과 설탕만으로는 색을 띠지 않기 때문에 옛날에는 치자나무 열매를 사용해 노란색으로 착색해서 '호박갱', '금옥갱'이라는 이름으로 판매된 모양이에요. 현재는 식용색소가 다양해서 노란색 이외의 호박당도 만들 수 있답니다.

　호박당은 만들자마자 먹을 수 있지만 잠시 방치해서 바깥쪽을 바삭바삭하게 만들어 먹을 수도 있어요. 바삭바삭해지는 이유는 녹은 설탕이 결정화(34쪽)하기 때문이에요.

　한천은 해초, 설탕은 사탕수수 등의 식물로 만들어집니다. 둘 다 '다당류'가 주성분이에요. 똑같은 '다당류'인데 한천과 설탕은 매우 다릅니다. 왜 그럴까요?

호박당의 '호박'이란?

진귀하고 아름다우며 단단한 '보석'. 다이아몬드, 사파이어, 루비 등 대부분의 보석은 광물입니다.

하지만 옛날부터 장신구류로 쓰여 온 호박은 광물이 아니라 식물로 이루어진 천연 수지랍니다. 수천 년 전의 소나무나 편백나무 등의 수지가 땅속에 파묻힌 후 오랜 세월을 거쳐 화석이 된 것이에요. 수목으로 땅속에 있었을 때 우연히 수지 안에 들어간 작은 곤충이 호박 속에 들어가 발견되기도 합니다.

호박당 만들기

준비물

- 한천가루 4g
- 설탕(흰설탕 또는 그래뉴당) 300g
- 식용색소(가루의 경우에는 소량의 물에 녹여 놓는다) 극소량
- 냄비
- 실리콘 주걱
- 보관용기
- 대나무 꼬치
- 비닐장갑
- 오븐 시트
- 도마
- 부엌칼

순서

 불이나 칼을 사용할 때 충분히 주의하세요.

1 냄비에 한천가루와 물 200㎖를 넣고 중불에서 잘 섞어가며 가열한다.

2 팔팔 끓여서 2분이 지나면 설탕을 더해서 잘 섞는다. 녹아서 끈기가 생기면 불을 끈다.

3 2를 보관용기에 붓고 식용색소를 넣어서 조금 섞는다. 그 상태로 식힌다.

4 굳어지면 오븐 시트 위에 꺼내서 잘라서 나누거나 손으로 찢는다. 2~3일 정도 그대로 두고 건조시킨다.

해설 음식으로서의 당류

한천은 우뭇가사리와 강리 등 해초로 만들어집니다. 이 해초들 중에는 사람이 소화할 수 없는 아가로오스라는 다당류가 많이 함유되어 있어요. 한천은 아가로오스 등의 다당류가 서로 얽혀서 물이나 설탕을 속에 가둬 굳힙니다. 우리는 아가로오스를 소화할 수 없기 때문에 칼로리는 0이에요. 한천이 다이어트에 쓰이는 것은 그런 이유 때문이에요.

한편 쌀이나 설탕을 과다 섭취하면 살이 찝니다. 쌀에는 전분이 함유되어 있어요. 전분에는 아밀로오스와 아밀로펙틴이 있습니다. 아밀로오스는 포도당이 한 줄로 길게 이어졌고 아밀로펙틴은 포도당이 갈라져 나오면서 이어진 것이에요. 둘 다 그 상태로는 너무 커서 우리가 영양분으로 흡수할 수 없고 맛을 느낄 수도 없습니다. 침에 포함된 아밀라아제나 장 속에 있는 말타아제 등의 효소로 전분을 분해하고 포도당 등으로 바꾼 후 흡수합니다. 쌀밥을 계속 씹으면 달게 느껴지는 이유는 침 속의 아밀라아제가 작용해서 전분이 분해되어 포도당이 되었기 때문이에요.

또한 설탕의 주성분은 자당입니다. 자당은 입으로 들어가 소장까지 도달하면 사카라아제 등의 효소로 분해되어 포도당과 과당이 됩니다. 산산조각이 난 후 몸 속에 흡수됩니다.

다양한 당류의 구조

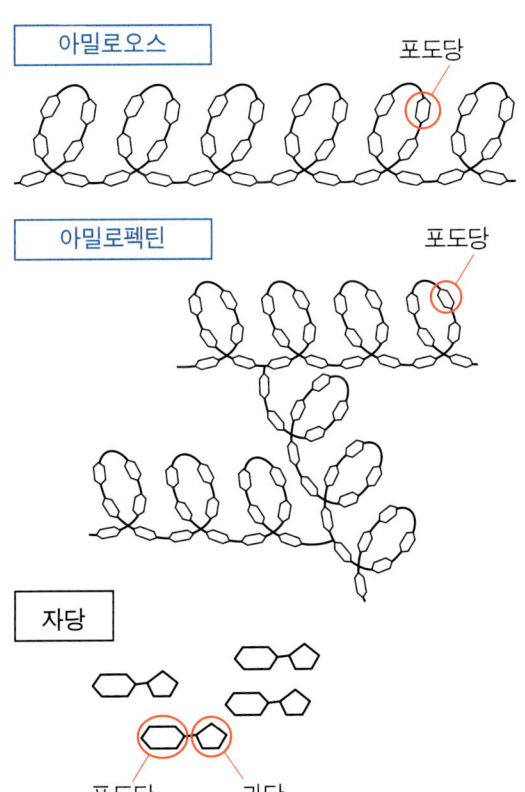

응용 물방울 케이크 만들기

 3시간

물을 굳힌 물방울 케이크는 아름다운 외관이 특징입니다. 여름에 실온에서도 녹지 않는 한천으로 만들어질 때도 많지만 탱글탱글한 식감과 높은 투명도를 바란다면 '아가(agar)'를 사용하는 것을 추천합니다. 아가는 진두발, 돌가사리 등 해초에서 채취한 카라기난(carrageenan, 응고제로 쓰이는 식물성 식품 첨가물)이 주성분이에요.

아가는 '젤리와 같은 탄력이 있고 한천처럼 기온이 높아도 잘 녹지 않으며 투명도가 훨씬 높기' 때문에 업무용 디저트에 흔히 쓰이게 되었습니다. 길거리의 디저트 가게 등에서 상온에서 판매하는 '젤리'는 아가를 사용한 것이 대부분이에요. 현재는 마트 등에서도 쉽게 구할 수 있답니다.

준비물

- 아가 5g
- 냄비
- 실리콘 주걱
- 틀(내열 제품)
- 그릇 등

마트에서 판매되는 아가

나중에 내용물을 뒤집을 수 있는 틀을 사용한다.

순서

 불을 사용할 때 충분히 주의하세요.

1 냄비에 물 250㎖와 아가를 넣고 잘 섞는다.

2 잘 섞어가며 약불에 올리고 팔팔 끓으면 1분 만에 불을 끈다.

3 틀에 흘려 넣어서 잘 식힌 후 냉장고에서 차게 식힌다.

4 그릇에 보기 좋게 담는다.

물로만 만들면 아무 맛이 없으므로 흑설탕 시럽이나 콩가루를 뿌려 먹어도 좋다.

응용 먹을 수 있는 유리구슬 만들기

 3시간

'먹을 수 있는 유리구슬'로도 불리는 홍콩식 디저트 구룽구(九龍球). 구형 젤리 속에 형형색색의 과일이 들어 있는 재미있는 디저트에요. 한천으로 만드는 것이 기본이지만 '더 투명하게 만들고 싶다'는 이유로 아가를 사용하는 사람도 많아졌습니다.

젤라틴으로 만들어지기도 하는데 젤라틴 젤리는 여름에 잘 녹고 사용할 수 없는 과일도 있어서(135쪽) 한천이나 아가가 자주 쓰여요.

준비물

- 아가 5g
- 설탕 30g
- 조각 과일 적당량
- 사이다
- 냄비
- 틀(내열, 구형으로 만들어진 것)
- 실리콘 주걱
- 그릇 등

한천, 아가, 젤라틴의 차이

	한천	아가	젤라틴
주원료	우뭇가사리, 강리 등	진두발, 돌가사리 등	소뼈, 소가죽, 돼지가죽 등
굳는 온도	40~50℃	30~40℃	20℃ 이하
응고 후의 녹는 온도	70℃	60℃	25℃

순서

 불을 사용할 때 충분히 주의하세요.

1. 냄비에 물 250㎖와 아가, 설탕을 넣고 잘 섞는다.

2. 잘 섞어가며 약불에 올리고 팔팔 끓으면 1분 만에 불을 끈다.

3. 틀에 조각 과일을 넣고 **2**를 더해서 잘 식힌 후 냉장고에서 차게 식힌다.

4. 그릇에 보기 좋게 담고 사이다를 붓는다.

반구 모양의 틀에 넉넉하게 흘려 넣은 위에 반구 모양의 틀을 올려서 둥근 구슬로 만든다.

아가로 만들면 보기에도 좋고 더운 여름에도 잘 녹지 않는다.

자색 고구마 성분으로 색이 변하는 핫케이크

30분

어떤 물질이 물에 녹은 것을 수용액이라고 합니다. 이를테면 아세트산이 녹은 식초, 구연산 등이 녹은 레몬즙, 투명한 식기용 세제 등은 수용액이에요.

수용액은 전부 '산성', '중성', '알칼리성'으로 나눕니다. 쉽게 분간하기 위해서 '보라색 양배추 지시약'을 흔히 사용해요. 하지만 보라색 양배추를 다져서 만들기가 조금 귀찮아요. 포도주스를 대신 사용할 수도 있는데 산성 반응을 조금 알기 어렵다는 점이 난점입니다.

그런 문제는 과자 만들기 등에 쓰이는 자색 고구마 파우더가 해결해줍니다. 색이 변화하는 '자색 고구마 핫케이크'를 만들어 알칼리성에서 산성으로 변화하는 모습을 살펴봅시다.

주위에서 쉽게 구할 수 있는 자색 고구마

자색 고구마는 껍질뿐만 아니라 알맹이도 보라색을 띠는 고구마에요. 일본의 가고시마나 오키나와 등에서 많이 생산됩니다. 그 아름다운 색과 단맛을 살려서 기본적인 고구마 요리 외에도 타르트나 소프트크림 등 디저트에 쓰이게 되었답니다. 자색 고구마 파우더를 흔히 구할 수 있게 되어 집에서 과자를 만들 때 사용하는 사람도 늘어났어요.

색이 변화하는 핫케이크 만들기

준비물

- 핫케이크 믹스 150g
- 달걀 1개
- 우유 120㎖
- 레몬즙 적당량
- 자색 고구마 파우더 10g
- 믹싱볼 2개
- 거품기
- 국자
- 뒤집개
- 프라이팬(불소 가공 제품. 철제일 경우에는 기름(분량 외)을 둘러놓는다)
- 접시 등

순서

 불을 사용할 때 충분히 주의하세요.

1 믹싱볼 1개에 핫케이크 믹스와 자색 고구마 파우더를 넣고 골고루 잘 섞는다.

2 다른 믹싱볼 1개에 달걀을 깨뜨려 넣고 우유를 더해서 잘 섞는다. 1에 붓고 빨리 섞는다.

3 프라이팬을 약불에 올리고 **2**를 1국자 분량만큼 떠서 넣고 구멍이 송송 생기면 뒤집는다.

4 다 구워지면 불을 끄고 프라이팬에서 꺼낸다. 레몬즙을 뿌린다.

해설 안토시아닌의 성질

자색 고구마 파우더를 넣은 가루에 달걀과 우유를 더했더니 적자색에서 보라색으로 변했습니다. 또 다 구운 핫케이크는 다시 파란 빛을 띠었습니다. 마지막에 레몬즙을 떨어뜨리면 순식간에 분홍색으로 변합니다. 신기하지 않나요?

자색 고구마가 '보라색'인 것은 **안토시아닌**이 함유되었기 때문이에요. 안토시아닌은 식물 속에 있는 색소로 산성에서는 빨간색, 중성에서는 보라색, 알칼리성에서는 파란색으로 변화합니다. 핫케이크 믹스 속에는 약한 알칼리성인 탄산수소나트륨이 들어 있어요. 달걀도 약한 알칼리성입니다. 반죽에는 달걀노른자도 들어가므로 녹색을 띤 보라색이 됩니다.

탄산수소나트륨은 가열하면 강한 알칼리성인 탄산나트륨으로 변화해요. 안토시아닌의 색도 더 파래져서 다 구운 자색 고구마 핫케이크는 푸른빛이 진해집니다. 여기에 산성인 레몬즙을 뿌리면 안토시아닌이 파란색에서 보라색, 빨간색으로 변화해요.

자색 고구마 파우더 외에도 이 변화를 확인할 수 있어요. 블루베리가 보라색인 것도 안토시아닌이 있기 때문이에요. 블루베리를 사용해도 똑같은 반응을 확인할 수 있습니다. 그밖에도 가지나 자색 양파 등의 보라색 채소도 산성과 알칼리성으로 색이 변화해요. 또 딸기가 빨간 것도 안토시아닌이 함유되었기 때문이랍니다! 다음에 딸기를 먹을 때 살짝 뭉개서 탄산수소나트륨을 뿌려 보세요.

안토시아닌을 포함하는 식재료에는 블루베리, 가지, 자색 양파, 딸기 등이 있다.

질긴 고기는 어떻게 하면 부드러워질까요?

60분

인간에게 중요한 영양소는 단백질, 지방, 탄수화물입니다. 단백질은 근육과 내장, 머리카락, 호르몬이나 효소 등을 만드는 중요한 재료에요. 또한 지방은 세포막과 신경의 재료이며 탄수화물은 에너지원이 됩니다.

단백질은 아미노산이 길게 이어져서 이루어져 있습니다. 인간은 단백질을 있는 그대로 섭취하면 영양분으로 체내에 받아들일 수 없어요. 위나 장 속에서 짧게 잘라서 아미노산으로 만들어야 합니다. 그 단백질을 자르기 위한 도구가 '프로테아제(단백질가수분해효소)'입니다.

프로테아제는 여러 가지 식품에도 함유되어 있어요. 이번에는 잎새버섯을 사용해서 프로테아제의 기능을 조사해 봅시다.

단백질의 소화

우리가 먹은 단백질은 위 속에서 펩신이라는 프로테아제로 짧게 잘립니다. 그 후 십이지장에서 트립신이라는 프로테아제가 1~3개 정도의 아미노산까지 분해합니다.

지금은 육류나 생선 등으로 단백질을 섭취할 수 있지만 옛날에는 아니었어요. 17~19세기 일본의 성인 남성은 하루에 약 1리터에 가까운 분량의 쌀밥을 먹었다고 하는데 그 이유는 쌀밥에 함유된 단백질이 적기 때문이에요. 쌀을 1리터 가까이 먹어야 살아가는 데 필요한 단백질을 얻을 수 있었답니다.

🧪 고기를 부드럽게 하기

준비물

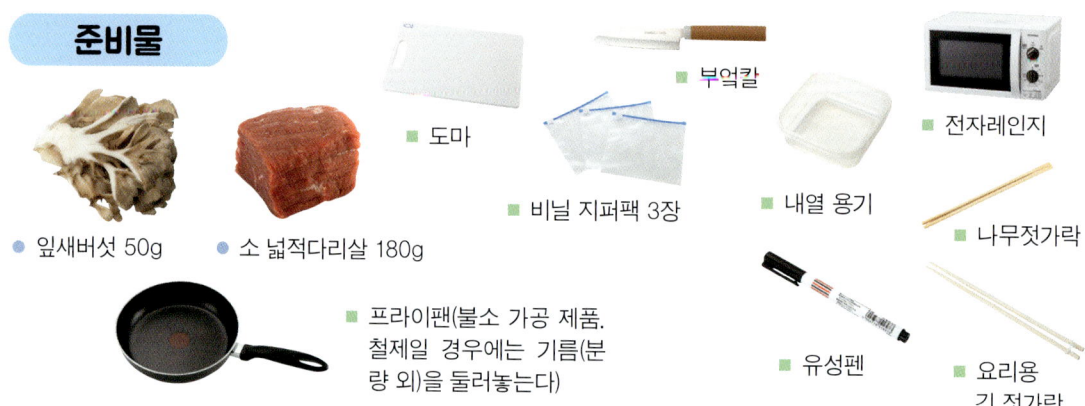

- 잎새버섯 50g
- 소 넓적다리살 180g
- 도마
- 비닐 지퍼팩 3장
- 부엌칼
- 내열 용기
- 전자레인지
- 나무젓가락
- 프라이팬(불소 가공 제품. 철제일 경우에는 기름(분량 외)을 둘러놓는다)
- 유성펜
- 요리용 긴 젓가락

순서

⚠️ 칼이나 불을 사용할 때 충분히 주의하세요.

1 잎새버섯을 잘게 다진다.

2 잘게 다진 잎새버섯 절반을 500W의 전자레인지로 30초 동안 가열한다(나머지 반의 버섯은 그대로 둔다).

3 소 넓적다리살을 3등분한다.

4 비닐 지퍼팩 1장에 'A'라고 쓰고 **3**의 고기 한 조각을 넣는다.

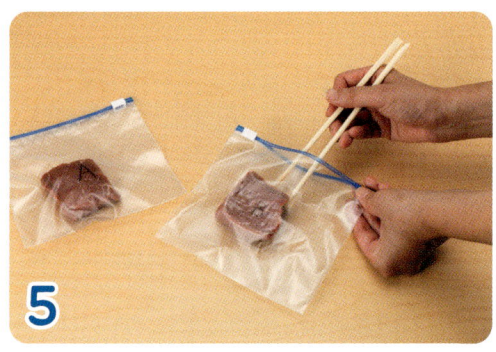

5

빈 비닐 지퍼팩 1장에 'B'라고 쓰고 **3**의 고기 한 조각을 넣는다.

6

B의 고기를 감싸듯이 가열하지 않은 잎새버섯을 넣는다.

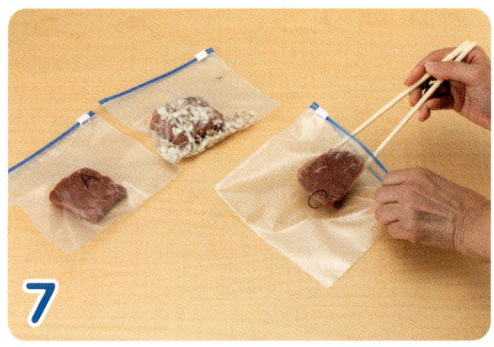

7

빈 비닐 지퍼팩 1장에 'C'라고 쓰고 **3**의 고기 한 조각을 넣는다.

8

C의 고기를 감싸듯이 **2**의 가열한 잎새버섯을 넣는다.

9

30분 정도 그대로 두고 A~C 고기의 부드러운 정도를 확인한다.

10

각각의 고기를 똑같은 시간 동안 프라이팬에서 구워서 맛과 부드러운 정도를 비교한다.

해설 프로테아제의 위력

가열하지 않은 잎새버섯으로 뒤덮은 고기는 부드러워집니다. 왜 그럴까요?

단백질은 영어로 '프로틴(protein)'이고 단백질을 짧게 자르는 효소를 '프로테아제(protease)'라고 합니다. 프로테아제는 키위, 멜론, 생강 등에 많이 함유되어 있어요. 우리 몸속에도 프로테아제가 있어서 고기나 생선 등의 단백질을 짧게 잘라 영양분으로 흡수할 수 있게 합니다. 잎새버섯 속에도 프로테아제가 많이 함유되어 있기 때문에 잎새버섯으로 뒤덮은 고기가 부드러워진 거예요.

하지만 가열한 잎새버섯으로 뒤덮은 고기는 그다지 부드러워지지 않았습니다. 사실 프로테아제도 단백질로 이루어져 있어요. 날달걀은 부드럽지만 가열해서 삶은 달걀로 만들면 단단해지는 이유는 달걀 속의 단백질 형태가 가열로 변형되기 때문이에요. 잎새버섯을 가열하면 프로테아제의 형태가 변화해서 단백질을 분해하지 못하게 됩니다.

프로테아제의 단백질 분해

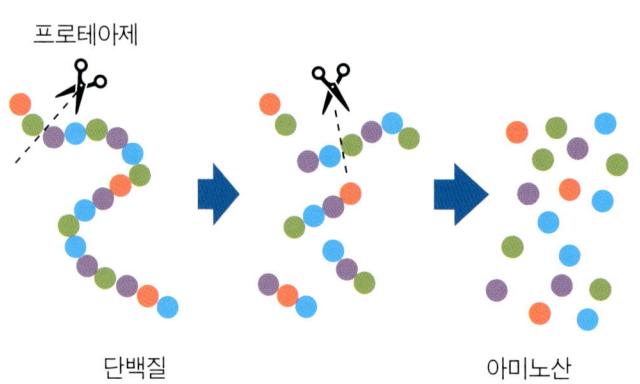

고기의 붉은 색은 주로 미오글로빈이라는 단백질 때문이다. 구우면 산화되어 갈색이 된다.

응용 파인애플을 넣은 젤리는 굳을까?

'젤라틴으로 젤리를 만들 때 생 파인애플을 넣으면 굳지 않는다'는 말을 들어본 적이 있나요? 젤라틴은 단백질로 이루어져 있어요. 파인애플에는 프로테아제가 함유되어 있어서 젤라틴을 분해합니다. 그러나 통조림 파인애플이라면 가열해서 프로테아제의 형태가 변화했기 때문에 젤리에 넣어도 괜찮아요.

생 파인애플로 젤리를 만들고 싶을 때는 아가(124쪽)을 사용하면 좋습니다.

준비물

- 젤라틴 분말 2g
- 물(50℃ 정도) 80㎖
- 생 파인애플 3조각
- 통조림 파인애플 3조각
- 믹싱볼
- 실리콘 주걱
- 유리 용기 2개

마트에서 판매하는 젤라틴 분말

순서

1 젤라틴 분말을 믹싱볼에 넣고 물 1큰술을 더해서 불린다. 따뜻한 물을 넣고 잘 섞는다.

2 유리 용기 2개에 1을 똑같은 양으로 각각 나눠 담는다.

3 한쪽에는 생 파인애플, 다른 한쪽에는 통조림 파인애플을 넣고 냉장고에서 차게 식힌다.

생 파인애플(사진 왼쪽), 통조림 파인애플(사진 오른쪽)을 사용해서 똑같이 젤라틴으로 젤리를 만든다.

생 파인애플이면 굳지 않고 통조림 파인애플이면 굳는다.

재미있는 식감! 에어 초콜릿을 만들어요

60분

초콜릿의 포장을 벗겨 보면 표면에 흰색 가루가 묻어 있을 때가 있습니다. 외관뿐만 아니라 맛과 식감도 다 달라집니다. 그 이유는 무엇일까요? 흰색 가루는 블룸이라고 하며 초콜릿 속에 함유된 유지방이 표면에서 결정화한 것이에요. 초콜릿은 카카오버터와 카카오매스, 설탕 등으로 만들어집니다. 28℃가 넘으면 초콜릿 표면의 카카오 버터가 녹아서 그게 굳으면 블룸이 생깁니다. 그렇게 되면 먹어도 전과 다르게 맛이 없어요. 그럴 때는 기포가 들어간 에어 초콜릿으로 만들어서 먹어 보세요!

심오한 초콜릿의 세계

카카오버터는 굳는 방법에 따라 결정 형태나 녹는 정도 등이 달라져서 6가지 유형으로 분류할 수 있어요. 맛있는 초콜릿을 만들려면 45~50℃로 해서 녹인 후 25~27℃로 식히고 다시 31~32℃로 가열했다 식혀서 굳히는 온도 조정(템퍼링)이 필요합니다. 이렇게 해서 카카오버터는 초콜릿에 가장 적합한 V형 결정이 된다고 해요.

카카오버터의 결정화는 물리학적으로 매우 흥미로운 현상이라서 미국 프린스턴대학교에는 물리를 좋아하는 학생들이 모여서 초콜릿을 연구하는 동아리가 있다고 합니다.

🧪 에어 초콜릿 만들기

준비물

- 탄산수소 나트륨(식용) 1/2작은술

- 레몬즙 1/2작은술

- 비닐 장갑

- 전자레인지

- 판 초콜릿 50g

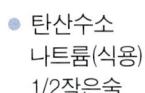

- 타르트 컵 (또는 내열 컵) 4개 정도

- 내열 믹싱볼
- 내열 접시
- 실리콘 주걱

순서 ⚠️ 화상 등에 주의하세요.

1 내열 믹싱볼에 판초콜릿을 잘게 쪼개서 넣는다.

2 500W 전자레인지로 30초 동안 가열한다. 초콜릿이 녹지 않으면 다시 10초 정도 가열한다.

3 탄산수소나트륨을 넣어서 잘 섞고 레몬즙을 더해서 다시 잘 섞는다.

4 타르트 컵에 나눠 담는다.

5 절반을 전자레인지로 20초 동안 가열한다. 기포가 생기지 않으면 다시 10초 정도 가열한다.

6 모든 컵을 그대로 식힌 뒤 냉장고에서 차게 한다. 식감이나 단면을 확인한다.

해설 기포는 왜 생길까?

탄산수소나트륨과 레몬즙을 넣은 초콜릿을 전자레인지로 가열했더니 거품이 부글부글 일어났습니다. 이는 탄산수소나트륨과 레몬즙이 반응했기 때문이에요.

초콜릿에 탄산수소나트륨만 더해서 전자레인지로 가열해도 에어 초콜릿을 만들 수 있어요. 하지만 확실히 기포가 생기는 분량의 탄산수소나트륨을 사용하면 씁쓸한 탄산나트륨이 많이 생깁니다.

한편 탄산수소나트륨과 레몬즙이 반응하면 구연산나트륨, 물, 이산화탄소가 발생해요. 구연산나트륨은 쓰지 않습니다. 레몬즙이 들어가면 탄산나트륨이 아니라 구연산나트륨이 생겨서 쓴맛이 약해져요.

그런데 초콜릿에는 카카오버터가 많이 함유되어 있습니다. 유분이 많은데 어떻게 레몬즙과 섞였을까요?

초콜릿의 원재료 표시를 보세요. '유화제'가 들어 있습니다. 초콜릿에 함유된 카카오매스와 설탕은 기름과 잘 섞이지 않아요. 그 상태로 사용하면 설탕은 설탕끼리, 카카오매스는 카카오매스끼리 카카오버터 속에서 달라붙습니다. 카카오버터와 카카오매스, 설탕을 골고루 섞기 위해서 레시틴 등이 유화제로 쓰입니다. 레시틴은 난황 등에 함유된 계면활성제예요(155쪽). 레시틴이 있기 때문에 카카오버터에 레몬즙을 섞을 수 있었답니다.

단단한 푸딩과 부드러운 푸딩 중 여러분은 어느 쪽을 좋아하나요? 푸딩의 재료는 달걀, 설탕, 우유인데 그 비율을 바꾸면 푸딩의 굳기 상태를 바꿀 수 있답니다. '부드러운 푸딩을 만들고 싶으면 달걀노른자를 늘리고 단단한 푸딩을 만들고 싶으면 달걀흰자를 늘린다'는 방법이 일반적이지만 설탕의 양을 바꾸는 것만으로도 굳기를 바꿀 수 있어요.

설탕이 많으면 부드러워질까요? 아니면 단단해질까요? 예상한 후에 만들어 보세요.

설탕의 양으로 굳기 바꾸기

준비물

- 달걀 1개
- 우유 100㎖
- 바닐라에센스 2~3방울
- 설탕 6큰술
- 믹싱볼
- 거품기
- 내열 컵(75㎖ 이상) 3개
- 국자
- 알루미늄 포일
- 큰 스푼
- 작은 접시 등
- 유성펜
- 냄비(뚜껑 있는 것)

순서 불을 사용할 때 화상에 충분히 주의하세요.

1. 믹싱볼에 달걀을 깨뜨려 넣고 흰자를 자르듯이 잘 섞는다.

2. 우유와 바닐라에센스를 넣고 잘 섞는다.

3. 내열 컵 3개에 나눠 담는다.

4. 3에 설탕을 1큰술, 2큰술, 3큰술씩 더해서 잘 섞는다.

5. '1', '2', '3'이라고 쓴 알루미늄 포일 3장을 준비해 컵에 씌워서 분별할 수 있게 한다.

6. 컵을 냄비에 넣는다. 푸딩액의 액면과 같은 정도까지 냄비에 물을 붓고 뚜껑을 덮는다.

142

중불에 올려서 물이 끓으면 2분 정도 후에 불을 끈다(굳지 않으면 가열 시간을 늘린다).

컵을 냄비에서 꺼내서 식히고 냉장고에서 1시간 정도 차게 한다. 세 푸딩의 굳기 상태를 확인한다.

해설 설탕과 단백질의 관계

'1'의 푸딩은 단단하고 '3'의 푸딩은 부드럽습니다. 설탕의 양만 바꿨을 뿐인데 왜 차이가 생겼을까요?

푸딩이 굳는 이유는 달걀 속의 단백질이 형태를 바꿔서 그물 모양이 되기 때문이에요. 설탕은 단백질이 그물 모양이 되는 것을 방해합니다. 설탕이 들어가면 굳는 정도가 달라집니다. 달걀의 단백질뿐만 아니라 육류의 단백질도 설탕이 있으면 잘 굳지 않아요. 전골에 설탕을 넣어서 달게 하는 것은 맛을 내는 것과 동시에 고기를 질기지 않게 하기 위함이에요.

참고로 푸딩에 뿌려먹는 캐러멜 소스는 가열하면 설탕의 성질이 달라지는 것을 이용해서 만들 수 있습니다. 설탕은 140℃ 정도까지 가열해서 식히면 하얀 결정이 됩니다. 170℃ 정도까지 가열하면 화학반응이 일어나 갈색으로 변해서 여러 가지 향기 물질이 생깁니다. 이 상태에서 차게 식힌 것이 캐러멜 소스에요. 190℃ 이상으로 가열하면 타버리므로 너무 가열하지 않도록 하세요.

※ 캐러멜 소스 만드는 방법
내열용기에 설탕 2큰술을 넣고 물 1큰술을 더한다. 500W 전자레인지로 1분 동안 가열한다. 뜨거워지므로 맨손으로 만지지 않도록 한다. 갈색으로 변하지 않으면 다시 전자레인지로 10초씩 추가해서 가열한다. 오븐장갑 등을 사용해 꺼내서 뜨거운 물 1큰술을 더한다.

톡톡 터지는 팝콘, 그 비밀을 찾아서

 20분

팝콘은 '흘려도 청소하기 쉽다', '먹을 때 소리가 잘 나지 않는다', '맛을 내기 쉽다'는 이유로 영화관 등에서 잘 팔립니다. '옥수수로 만드니까 늘 삶아먹는 스위트콘으로도 만들 수 있지 않을까?'라고 생각해서 말린 스위트콘을 가열해 보면 새카맣게 탑니다. 스위트콘으로는 왜 팝콘을 만들 수 없을까요?

*사진은 톡톡 터지는 모습을 이해하기 쉽게 한 것입니다. 실제로 만들 때는 프라이팬에 뚜껑을 덮고 가열하세요.

팝콘 만들기

준비물

- 식용유 1큰술

- 팝콘용 옥수수 25g

- 프라이팬 (유리 뚜껑이 달린 것)

순서

 불을 사용할 때 충분히 주의하고 불을 끄자마자 뚜껑을 열지 마세요.

1 프라이팬에 식용유와 팝콘용 옥수수를 넣는다.

2 뚜껑을 덮는다.

3 중불에 올려서 흔들어가며 가열한다.

4 톡톡 터지는 소리가 더 이상 들리지 않으면 불을 끈다. 1분 정도 지난 후에 뚜껑을 연다.

해설 팝콘이 터지는 이유

팝콘이 되는 것은 '폭열종'이라고 하는 종류의 '팝콘용 옥수수'입니다. '폭발해서 터지는' 종류지요. 삶아 먹는 옥수수(스위트콘)로는 팝콘을 만들 수 없어요.

옥수수 1알의 껍질 부분은 셀룰로오스라는 식이섬유로 이루어져 있어요. 옥수수를 너무 많이 먹으면 배가 아픈 이유는 사람이 셀룰로오스를 소화하지 못하기 때문입니다.

스위트콘은 셀룰로오스로 이루어진 껍질 부분이 얇지만 폭열종은 껍질 부분이 매우 두꺼워요. 껍질 안쪽에는 전분과 수분이 함유되어 있습니다. 가열해서 물이 수증기가 되면 그 부피가 1,700배가 됩니다. 껍질 안에 수증기를 가두지 못하게 되므로 순식간에 파열하는 거예요. 스위트콘의 경우 껍질이 얇아서 수증기를 가둬놓지 못해 파열하기 전에 껍질이 터진답니다.

팝콘용 옥수수

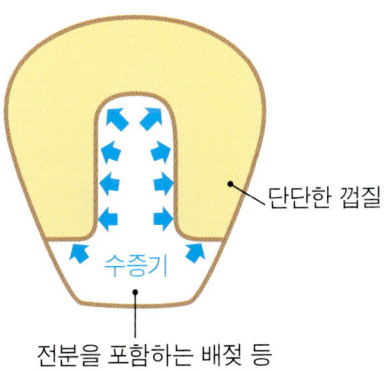

바깥쪽이 단단하기 때문에 가열해서 내부에 수증기가 늘어나도 압력이 계속 가해져서 마지막에 파열한다.

폭열종 옥수수

인도의 치즈 파니르를 만들어요

 2시간

종교상의 이유 등으로 육류를 먹지 않는 사람이 있습니다. 예를 들어 인도에서는 국민의 40퍼센트 정도가 채식주의자라고 해요. 하지만 포유류인 인간은 단백질을 섭취해야 살아갈 수 있습니다. 그럼 채식주의자들은 어떻게 단백질을 얻을까요?

동물성 식품을 전혀 먹지 않을 경우에는 단백질을 포함하는 콩류를 많이 먹게 됩니다. '피를 흘리지 않고 얻을 수 있는 유제품'이면 먹을 수 있다는 경우에는 치즈도 큰 단백질원이에요.

인도나 파키스탄, 이란 등에서 흔히 먹는 치즈 중 하나로 '파니르'가 있습니다. 카레에 곁들여도 잘 어울리니 만들어 보세요.

옛날의 치즈는?

아주 오랜 옛날 아라비아의 상인이 염소젖을 넣는 주머니로 새끼양의 위를 사용했더니 젖이 굳었어요. 그게 바로 치즈의 시작이라고 합니다.

젖이 굳은 이유는 위 속의 소화액 '레닛' 속에 '키모신'이라는 효소가 함유되어 있었기 때문이에요.

이전에는 치즈를 만들려면 갓 태어난 송아지의 위에서 레닛을 꺼내야 했습니다. 그러나 현재는 미생물이나 유전자 조합 기술을 이용하여 레닛을 만들 수 있게 되었답니다.

파니르 만들기

준비물

- 우유 1ℓ
- 레몬즙 2큰술
- 냄비
- 믹싱볼
- 체
- 넓적한 그릇
- 요리용 긴 젓가락
- 키친타월 (두꺼운 펠트 타입, 또는 무명)
- 도마
- 부엌칼
- 용기(넓적한 그릇에 들어가는 크기)

순서

⚠ 불이나 칼을 사용할 때 충분히 주의하세요.

1 냄비에 우유를 넣고 약불에서 휘저어 뒤섞는다.

2 작은 기포가 생기면 레몬즙을 더해서 잘 섞고 불을 끈다(팔팔 끓이지 않는다). 3분 정도 그대로 둔다.

3 흰 덩어리가 생기면 믹싱볼 위에 체를 받치고 키친타월을 깔아서 거른다.

4 키친타월로 감싼 채 넓적한 그릇에 올린다.

⑤ 용기에 물을 넣어 (누름돌로 써서) 4의 위에 올린다.

⑥ 1시간 정도 냉장고에서 식히고 물기를 뺀다. 원하는 크기로 잘라서 나눈다.

해설 흰 알맹이의 정체

따뜻하게 한 우유에 레몬즙을 넣었더니 흰 덩어리와 연한 노란색 액체로 분리되었습니다. 연한 노란색 액체는 **유청**이라고 부릅니다. 대부분이 물이지만 단백질도 포함되어 있어요. 이것이 물에 녹는 성질을 가진 '유청단백질'이에요. 보디빌더나 근육을 만들고 싶은 사람이 마시는 '유청 프로틴'은 유청에서 단백질을 추출한 것입니다.

또 우유 전체에 함유된 단백질 중 유청단백질은 20퍼센트이며 나머지 80퍼센트가 **카제인**입니다. 카제인은 우유 속에서 녹지 않고 매우 작은 알맹이로 흩어져 있어요. 여기에 산성인 레몬즙이 더해지면 카제인끼리 달라붙어서 눈에 보이는 크기가 됩니다. 달라붙을 때 주위에 있던 지방도 끌어들입니다. 우유에서 추출한 흰 덩어리는 우유 속의 카제인과 지방이 모인 것이었어요. 이것을 눌러 굳혀서 물을 빼면 파니르가 됩니다.

그런데 일본에도 채식주의자에게 인기 있는 식재료가 있습니다. 어떤 식물의 종자에 포함된 단백질과 지방을 굳힌 음식인데 과연 무엇일까요?

정답은 두부입니다. 대두를 으깨서 가열하고 무명천으로 거르면 두유가 생깁니다. 두유에는 대두의 지방과 단백질이 포함되어 있어요. 두유에 간수를 넣어 가열해서 굳힌 것이 두부입니다.

섞이지 않는 물과 기름은 누가 사이좋게 만들까요?

20분

'그 두 사람은 물과 기름이야'라는 말은 '마음이 맞지 않고 서로 반발하며 사이가 나쁘다'는 뜻입니다. 식초의 대부분은 수분이며 거기에 기름을 더해서 만든 드레싱은 아무리 섞어도 시간이 지나면 물과 기름으로 나뉩니다. 그러나 마요네즈에도 식초와 기름이 쓰이는데 시간이 지나도 잘 섞여 있어요.

마요네즈의 재료에 반드시 필요한 것은 달걀노른자입니다. 그리고 마요네즈 만들기에 실패하는 원인 중에서 가장 많은 것이 섞는 순서에요. 마요네즈에는 어떤 비밀이 숨어 있을까요?

물과 기름

기름으로 더러워진 접시를 물로만 씻으면 깨끗해지지 않아요. 물과 기름은 서로 섞이지 않기 때문이에요. 그럴 때 세제가 활약합니다. 세제(비누)를 사용하면 기름때도 깨끗이 빠집니다.

비누는 유지와 수산화나트륨 등의 강알칼리 물질을 반응시켜 만들어집니다. 비누는 고대 로마에서 신에게 바치기 위해 구운 양의 기름과 나무 재가 섞여서 우연히 만들어졌다고 전해집니다. 나무 재는 알칼리성이에요. 과연 비누가 생기는 것도 이해되네요.

🧪 마요네즈 만들기

준비물

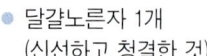
● 달걀노른자 1개
(신선하고 청결한 것)

● 소금 1/2작은술

● 식초 1큰술

● 기름 90㎖

● 머스터드 1/2작은술

■ 믹싱볼

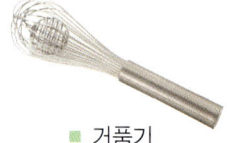
■ 거품기

순서

 먹을 경우에는 완성하자마자 먹으세요.

1. 믹싱볼에 달걀노른자를 넣고 잘 섞는다.

2. 소금, 식초, 머스터드를 더해서 확실히 잘 섞는다 (하나로 합친다).

3. 기름을 조금씩 10회 정도로 나눠서 넣어가며 잘 섞는다.

해설 물과 기름이 섞인 이유

서로 섞일 리 없는 물(식초)과 기름이 섞였습니다. 대부분의 물질은 '물에 녹지만 기름에는 녹지 않는다(수용성)', 또는 '기름에 녹지만 물에는 녹지 않는다(지용성)'는 성질을 갖고 있어요.

하지만 분자 1개 속에 물에 녹는 부분(친수기)과 기름에 녹는 부분(친유기)을 둘 다 가진 물질도 있습니다. 이런 물질을 **계면활성제**라고 해요. 계면은 어느 균일한 고체, 액체, 기체가 다른 균일한 고체, 액체, 기체와 만나는 경계면을 말합니다. 서로 섞이지 않는 물과 기름의 결계도 계면입니다. 계면활성제란 계면에 작용해서 서로 섞이지 않는 두 가지 물질을 융합시키고 중개 역할을 하는 것을 말합니다.

달걀노른자에 포함된 레시틴도 친수기와 친유기를 둘 다 가진 계면활성제에요.

계면활성제를 물에 넣으면 물에 녹는 부분이 바깥쪽, 기름에 녹는 부분이 안쪽이 되는 구형이 됩니다. 한편 기름 속에 넣으면 기름에 녹는 부분을 바깥쪽, 물에 녹는 부분을 안쪽으로 해서 구형이 됩니다.

마요네즈를 만들 때는 섞는 순서가 중요해요. 처음에 달걀노른자에 식초를 섞어서 레시틴과 수분을 융합시킵니다. 거기에 기름을 더하면 기름이 레시틴에 감싸여 레시틴의 물에 녹는 부분이 바깥쪽으로 오는 구형이 되고 물속에 분산됩니다.

마요네즈는 기름을 매우 많이 포함합니다. 기름 1큰술을 그대로 먹기란 조금 어렵지만 마요네즈라면 쉽게 먹을 수 있는 것도 물속에 기름이 떠 있는 상태이기 때문이에요.

마요네즈의 구조

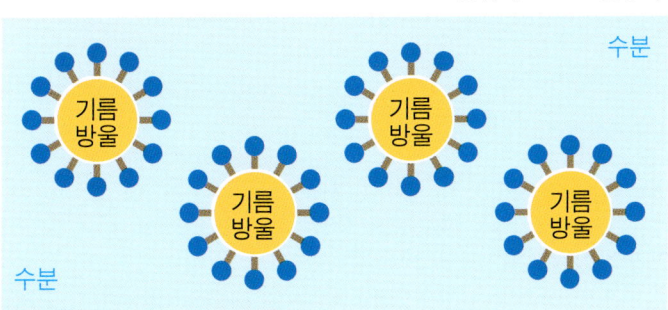

참고 서적

Harold McGee 저, 가사이 미도리(香西みどり) 감역, 기타야마 가오루(北山 薫), 기타야마 마사히코(北山雅彦) 역 《맥기 키친 사이언스(マギーキッチンサイエンス)》(교리쓰(共立)출판, 2008년) 《음식과 요리》해럴드 맥기 저, 이희건 역, 이데아, 2017년)

데라이 슌(照井 俊) 저 《이론 화학의 최중점 데라이식 해법카드 개정판(理論化学の最重点 照井式解法カード 改訂版)》(각켄(学研)교육출판, 2013년)

오지마 요시미 저 《'먹을 수 있는' 과학실험 셀렉션(「食べられる」科学実験セレクション)》(SB크리에이티브, 2017년)
《먹을 수 있는 31가지 과학실험》 전화윤 역, 청어람e, 2019년)

오지마 요시미 편저, 시라카와 히데키(白川英樹) 감수 《'촛불의 과학'이 알려주는 것(「ロウソクの科学」が教えてくれること)》(SB크리에이티브, 2018년)
《촛불의 과학》 오지마 요시미 편역, 공영태 역, 시라카와 히데키 감수, 북스힐, 2021년)

오지마 요시미 저, 미야모토 가즈히로(宮本一弘) 감수 《이과적인 실력이 생기는 주말 실험(理系力が身につく週末実験)》(SB크리에이티브, 2019년)

참고 논문

군지 히로시(郡司博史), 이시이 히데키(石井秀樹), 사이토 아야(斉藤亜矢), 사카이 사토시(酒井 敏) '밀크 크라운에 관한 연구' (〈나가레(ながれ) 일본유체역학회지〉 22권 6호, pp.499~500, 2003년)

고이쓰카 유카리(後飯塚由香里) '관능기에 의한 유기물의 성질 차이 ~비타민B_2~'
(〈화학과 교육〉 67권 8호, pp.360~361, 2010년)

마에다 마사하루(前田眞治) '인공 탄산천의 기초와 의학적 효과, 미용 효과'
(〈인공 탄산천 연구회 잡지〉 7권 1호, pp.5~19, 2018년)

Thomas S. Kuntzleman, Andrea Sturgis "Effect of Temperature in Experiments Involving Carbonated Beverages"
(Journal of Chemical Education 97권 11호, pp.4033~4038, 2020년)

Thomas S. Kuntzleman, Laura S. Davenport, Victoria I. Cothran, Jacob T. Kuntzleman, Dean J. Campbell "New Demonstrations and New Insights on the Mechanism of the Candy-Cola Soda Geyser"
(Journal of Chemical Education 94권 5호, pp.569~576, 2017년)

아라이 도모코 '가구야 데이터와 달 시료의 융합 연구가 개척하는 달 과학'
(〈지구화학〉 43권 4호, pp.169~197, 2009년)

쇼지 가오리(小路香織), 미야타 지에미(宮田千恵美), 기하라 켄(木原 健), 이소 도시키(磯 俊樹), 오쓰카 사쿠이치(大塚作一), Hiroshi ONO '벤햄의 팽이에서 생기는 길이의 착시 -흑백 변화의 흰색 영역에 존재하는 검은색 선분의 특이적 신장의 지각-'

(〈영상정보 미디어학회 기술보고〉 40권 37호, pp.41~44, 2016년)

나쓰메 미도리(夏目みどり) '초콜릿의 역사, 식문화와 기능성'
(〈화학과 교육〉 67권 4호, pp.184~185, 2019년)

고시마 요시아키(五島義昭), 아오야마 히데키(青山英樹), 니시자와 겐지(西沢健治), 쓰게 하루히토(柘植治人) '팝콘의 팽화 기구'
(〈일본식품공업학회지〉 35권 3호, pp.147~153, 1988년)

참고 웹사이트

새로운 경향의 실험 교실 (일반사단법인 일본기계학회 유체공학부문)
https://www.jsme-fed.org/experiment/

미스터리를 찾았다! 시험해 보자 과학실험 Vol.1~Vol.3 (쇼와덴코(昭和電工)머티리얼주식회사)
https://www.mc.showadenko.com/japanese/sustainability/stakeholder/

Science Buddies
https://www.sciencebuddies.org/

NGK 사이언스 사이트 (일본 가이시주식회사)
https://site.ngk.go.jp/

쇼소인(正創院)(궁내청(宮内庁))
https://shosoin.kunaicho.go.jp/

UV 경화의 구조(KLV주식회사)
https://www.klv.co.jp/technology/uv-curing-mechanism.html

자외선이란? (일본 기상청)
https://www.data.jma.go.jp/gmd/env/uvhp/3-40uv.html

Lava(Schylling Inc.)
https://www.lavalamp.com/

후지타(F) 스케일이란? (일본 기상청)
https://www.jma.go.jp/jma/kishou/know/toppuu/tornado1-2.html

우주의 질문 상자(일본 국립과학박물관)
https://www.kahaku.go.jp/exhibitions/vm/resource/tenmon/space/

분광 우주 앨범(일본 국립천문대)
https://prc.nao.ac.jp/extra/uos/ja/

초콜릿을 맛있게 하는 물리(대학공동이용기관법인 고에너지 가속기 연구기구)
https://www.kek.jp/ja/newsroom/2013/02/12/1000/

소비자 코너 설탕의 작용과 요리(독립행정법인 농축산업진흥기구)
https://www.alic.go.jp/koho/kikaku03_000120.html

색인

ㄱ
결정 …… 31, 36, 114, 121, 137, 143
계면활성제 …… 139, 155
공기포 …… 65
과당 …… 119, 123
광경화수지 …… 25
광합성 …… 105, 116
구연산 …… 48, 11, 127

ㄴ
난각막 …… 90

ㄷ
단백질 …… 131, 143, 149

ㄹ
레닛 …… 149
레시틴 …… 139, 155
레진 …… 21, 22
루시페린 …… 27

ㅁ
말타아제 …… 123
명반(백반) …… 35
모세관현상 …… 77
무지개 …… 40
물관 …… 105

ㅂ
반투성 …… 90
벤햄의 팽이 …… 101
부착성 …… 77
불꽃 반응 …… 81
붕산 …… 79
비타민B2 …… 29
비타민C …… 107

ㅅ
사카라아제 …… 123
산성 …… 49, 119, 127, 151
셀룰로오스 …… 147
수용성 …… 155
수증기 …… 37, 55, 56, 60, 72, 147
슐리렌 현상 …… 63
스펙트럼 분석 …… 81

ㅇ
아가로오스 …… 123
아미노산 …… 131
아밀라아제 …… 123
아밀로오스 …… 108, 123
아밀로펙틴 …… 108, 123
아지랑이 …… 60
안토시아닌 …… 129
알칼리성 …… 49, 127, 152
요소 …… 35, 36
요오드 전분 반응 …… 106
유청 …… 151
유화제 …… 139
응집성 …… 77
이산화탄소 …… 49, 56, 72, 93

ㅈ
자당 …… 105, 119, 123
자외선 …… 23, 29
증발 …… 34, 39
지용성 …… 155

ㅊ
착각 …… 99
체관 …… 105
친수기 …… 155
친유기 …… 155

ㅋ
카라지난 …… 124
카제인 …… 151
키모신 …… 149

ㅌ
탄산나트륨 …… 49, 129, 139
탄산수소나트륨 …… 48, 118, 129, 138
태풍 …… 55

ㅍ
파장 …… 25, 29
포도당 …… 105, 108, 116, 123
폴리아크릴산 나트륨 …… 97
프로테아제 …… 131

ㅎ
확산 …… 13
회오리 …… 52
흡열반응 …… 39, 119
흡열성 …… 119
흡착성 …… 77

기록해두고 싶은 항목 예시

실험할 때는 그 전후에 기록을 남겨 놓으세요.
실패하는 원인을 생각하거나 다음에 실험할 때, 또는 다른 사람에게 어떤 실험을 했는지 알릴 때에도 도움이 됩니다.

실험 내용
'○○를 한다', '○○에 ○○를 했을 때의 차이를 관찰한다' 등

연월일과 시각
잠시 방치해서 변화를 볼 경우에는 걸린 시간도 기록한다.

실험 목적
무엇을 조사하고 싶은지 적는다.

결과 예상
어떤 결과가 나올 것 같은지 적는다.

실험 계획 및 방법
이 책의 준비물, 순서를 참고하여 최대한 상세하게 적는다.

실험 결과
무엇이 어떻게 되었는지 적는다. 가능하면 사진이나 그림도 첨부한다.

고찰
'왜' 그 결과가 나왔는지 자신의 생각을 적는다.

참고한 서적이나 웹사이트
준비하거나 고찰할 때 모르는 부분이 있으면 조사해서 무엇을 보고 조사했는지 메모해 놓는다.

[OUCHI DE TANOSHIMU KAGAKU JIKKEN ZUKAN]
Copyright © 2021 © Yoshimi Ojima
Photo: Hiroshi Kono and other/Design: Yuko Nagase (GOBO DESIGN OFFICE)
All rights reserved.
No part of this book may be used or reproduced in any manner
whatsoever without written permission except in the case of brief quotations
 embodied in critical articles and reviews.
Originally published in Japan in 2021 by SB Creative Corp.
Korean Translation Copyright © 2022 by Saenggakuijip
Korean edition is published by arrangement with SB Creative Corp.,
through BC Agency.

이 책의 한국어 판 저작권은 BC에이전시를 통해
저작권자와 독점계약을 맺은 생각의집에 있습니다.
저작권법에 의해 한국 내에서 보호를 받는 저작물이므로
무단전재와 복제를 금합니다.

집에서 하는
과학실험

초판 1쇄 발행 2022년 7월 30일
글 ★ 오지마 요시미
그림 ★ 비비안 미네커
옮긴이 ★ 김한나
펴낸이 ★ 권영주
펴낸곳 ★ 생각의집
본문 편집 ★ 김영심
디자인 ★ design mari
출판등록번호 ★ 제 396-2012-000215호
주소 경기도 고양시 일산서구 중앙로 1455
전화 ★ 070·7524·6122
팩스 ★ 0505·330·6133
이메일 ★ jip2013@naver.com
ISBN ★ 979-11-85653-90-7(73400)

품명 어린이 도서		**제조년월** 2022년 7월	
사용연령 4세 이상		**제조자명** 생각의집	
제조국 대한민국		**연락처** 070-7524-6122	
주소 경기도 고양시 일산서구 중앙로 1455			
주의사항 종이에 베이거나 긁히지 않도록 주의하세요.			
KC마크는 이 제품이 공통안전기준에 적합하였음을 뜻합니다.			